Relações Humanas

O GEN | Grupo Editorial Nacional – maior plataforma editorial brasileira no segmento científico, técnico e profissional – publica conteúdos nas áreas de ciências sociais aplicadas, exatas, humanas, jurídicas e da saúde, além de prover serviços direcionados à educação continuada e à preparação para concursos.

As editoras que integram o GEN, das mais respeitadas no mercado editorial, construíram catálogos inigualáveis, com obras decisivas para a formação acadêmica e o aperfeiçoamento de várias gerações de profissionais e estudantes, tendo se tornado sinônimo de qualidade e seriedade.

A missão do GEN e dos núcleos de conteúdo que o compõem é prover a melhor informação científica e distribuí-la de maneira flexível e conveniente, a preços justos, gerando benefícios e servindo a autores, docentes, livreiros, funcionários, colaboradores e acionistas.

Nosso comportamento ético incondicional e nossa responsabilidade social e ambiental são reforçados pela natureza educacional de nossa atividade e dão sustentabilidade ao crescimento contínuo e à rentabilidade do grupo.

Agostinho Minicucci

Relações Humanas

Psicologia das Relações Interpessoais

6ª Edição

- O autor deste livro e a editora empenharam seus melhores esforços para assegurar que as informações e os procedimentos apresentados no texto estejam em acordo com os padrões aceitos à época da publicação, *e todos os dados foram atualizados pelo autor até a data de fechamento do livro.* Entretanto, tendo em conta a evolução das ciências, as atualizações legislativas, as mudanças regulamentares governamentais e o constante fluxo de novas informações sobre os temas que constam do livro, recomendamos enfaticamente que os leitores consultem sempre outras fontes fidedignas, de modo a se certificarem de que as informações contidas no texto estão corretas e de que não houve alterações nas recomendações ou na legislação regulamentadora.

- O autor e a editora se empenharam para citar adequadamente e dar o devido crédito a todos os detentores de direitos autorais de qualquer material utilizado neste livro, dispondo-se a possíveis acertos posteriores caso, inadvertida e involuntariamente, a identificação de algum deles tenha sido omitida.

- **Atendimento ao cliente: (11) 5080-0751 | faleconosco@grupogen.com.br**

- Direitos exclusivos para a língua portuguesa
  Copyright © 1978, 2022 (14ª impressão) by
  Editora Atlas Ltda.
  Uma editora integrante do GEN | Grupo Editorial Nacional

- Travessa do Ouvidor, 11
  Rio de Janeiro – RJ – 20040-040
  www.grupogen.com.br

- Reservados todos os direitos. É proibida a duplicação ou reprodução deste volume, no todo ou em parte, em quaisquer formas ou por quaisquer meios (eletrônico, mecânico, gravação, fotocópia, distribuição pela Internet ou outros), sem permissão, por escrito, da Editora Atlas Ltda.

- Ilustrações: Benedito Vinício Aloíse

- Capa: Zenário A. de Oliveira

- Composição: Lino-Jato Editoração Gráfica

- Ficha catalográfica

Minicucci, Agostinho

Relações humanas : psicologia das relações interpessoais / Agostinho Minicucci. – 6. ed – [14. Reimpr.]. – São Paulo : Atlas, 2022.

ISBN 978-85-224-2984-4

1. Relações interpessoais – I. Título. II. Título: Psicologia das relações interpessoais.

91-2990   CDD: 158.2

Sumário

Como trabalhar com o livro, 9

Introdução, 11

1 O QUE ESTUDA A PSICOLOGIA, 13
   Psicologia é a ciência que estuda o comportamento, 15
   O mágico e o cientista, 17
   Exercícios, 19

2 VOCÊ SABE O QUE SÃO RELAÇÕES HUMANAS?, 22
   Relações humanas – um manual de boas maneiras, 24
   Relações humanas – uma ciência do comportamento humano, 25
   Exercícios, 26

3 OLHANDO PARA VOCÊ... OLHANDO PARA OS OUTROS, 30
   Melhor conhecimento de si próprio, 33
   Melhor compreensão dos outros, 35
   Melhor convivência em grupo, 36
   Desenvolvimento de aptidões para um relacionamento mais eficiente para com os outros, 38
   A arte de perceber os outros, 39
   Exercícios, 45

4 A ARTE DA COMUNICAÇÃO, 48
   Treinamento em comunicação, 55

6 RELAÇÕES HUMANAS

Procedimentos de comunicação, 63
Exercícios, 66

5 VOCÊ SABE OUVIR?, 69
Levar o outro a falar, 70
Recapitulação, 71
Balão de pesquisa, 72
Leve o outro a decidir, 73
Exercícios, 76

6 OS ESTADOS DO EU E AS RELAÇÕES HUMANAS, 78
Estado do Eu – Pais, 80
Expressões do Eu – Pais, 82
Expressões do Eu – Criança, 84
Expressões do Eu – Adulto, 86
Pais – Adulto – Criança simultaneamente, 89
Exercícios, 97

7 COLECIONANDO FIGURINHAS E TROCANDO SELOS, 101
Exercícios, 105

8 AS POSIÇÕES PSICOLÓGICAS DA VIDA FORMAM NOSSO CARÁTER, 108
Exercícios, 116

9 TRANSAS E TRANSAÇÕES NA COMUNICAÇÃO, 120
Exemplos de transações, 123
Exercícios, 128

10 OS JOGOS DA VIDA NA VIDA DA GENTE, 133
Os jogos psicológicos no trabalho, 148
Você deve entender que, 151
Exercícios, 152

11 RESOLVENDO PROBLEMAS E TOMANDO DECISÕES, 156
Utilização das informações, 160
Vamos agir, 163
Exercícios, 165

12 LÍDER E LIDERANÇA, 168
Características de um líder, 168
Análise do conceito de liderança, 171
Avaliação da eficácia, 174
Estilos de liderança, 176

Classificação dos líderes, 177
Exercícios, 178

13 RELAÇÕES HUMANAS NA FAMÍLIA, 182
E eles se conheceram, 182
Casaram-se e..., 183
E eles descobrem as diferenças..., 183
E nascem os filhos, 186
Exercícios, 188

14 OS GRUPOS E AS RELAÇÕES HUMANAS, 194
Interação, 196
Estrutura, 198
Coesão, 200
Normas, 201
Motivos e metas comuns, 204
Exercícios, 211

15. RELAÇÕES HUMANAS NO TRABALHO, 213
Comportamento humano nas empresas, 213
O trabalho e a satisfação das necessidades, 215
Exercícios, 218

16. UM POSFÁCIO AO LEITOR, 222
O emprego do nosso tempo, 223
Rituais, 224
Retração, 226
Passatempos, 227
Atividades, 234
Exercícios, 235

17. AGORA, DIPLOME-SE PARA A VIDA, 238

COMO TRABALHAR COM O LIVRO

1. Leia o texto.
2. Se possível, faça um resumo.
3. Discuta o texto com o grupo (grupo de escola, de família ou de trabalho).
4. Escolha, com o grupo, um dos exercícios.
5. Trabalhe, com o grupo, no exercício escolhido.
6. Na escola, apresente o exercício à classe.
7. Discuta o trabalho com a classe.
8. Participe dos exercícios apresentados pelos outros grupos.

Observações:

1. Se estiver trabalhando sozinho, com o livro, procure fazer todos os exercícios, a fim de fixar bem o conteúdo.
   Os exercícios versam sobre o conteúdo do texto, mas não o repetem e levam a comportamentos operacionalizados, razão por que todos devem ser realizados.
2. Se o livro estiver sendo trabalhado em família, convém que os exercícios sejam feitos em conjunto, pois isso leva à coesão do grupo familiar. Os exercícios devem ser discutidos, a fim de levar a uma melhor comunicação interpessoal e assim viver as *relações humanas*. Todos os exercícios devem ser feitos.

3. Se o livro estiver sendo trabalhado por um grupo de trabalho ou de estudos, convém seguir a orientação de 1 a 5 e os itens 1 e 2 das observações.

4. Se o livro estiver sendo trabalhado na escola, convém que a avaliação seja feita por meio do resumo individual e do trabalho em grupo da apresentação do exercício. É interessante que o professor atribua um exercício diferente a cada grupo.

Introdução

... E o moleque Cupido resolveu voltar ao Brasil, país que há tantos anos não revia.

Arrumou as setas de ouro, do amor, e as setas de chumbo, do ódio e do desprezo, no novo bornal, tipo Reebok.

Desceu numa reunião de jovens, pois sempre trabalhara com eles. Estavam defronte a uma escola.

Estranhou-os, mas achou-os interessantes, alegres e comunicativos.

Como de costume, lançou sobre eles algumas setas do amor... Estranho, elas não produziram o efeito desejado. Talvez o líquido da ponta das setas estivesse com o prazo vencido.

– *Não é possível*, disse, o *Procom, órgão protetor do consumidor, não tinha dito nada e aprovado o controle de qualidade.*

Resolveu conversar com os jovens. Apresentou-se e disse:

– *Sou Cupido, o moleque do Amor.*

Como ninguém mostrasse sinal de aprovação ou rejeição, estranhou a frieza, mas continuou:

– *Vocês sabem o que é amor, o que é ódio? Vocês sabem como se define gostar* de... *o que é* atrair?

Uma garota olhou-o bem, com ar de desdém, e disse:

– *Olha, nanico, aqui nós amamos e ninguém sabe dizer o que é* amor *e nem está interessado em saber o que significa. Apenas amamos. O ódio é o que estou começando a sentir por você. Olha, esse teu jeito de Aids não me* atrai *muito.*

Um jovem, loirinho, cabelos revoltos, olhos azuis, tirando o chiclete da boca e jogando-o longe, lhe disse:

– *Olha, meio quilo, você tá me parecendo professor, ou então, espião do Diretor. Fora vai...*

Como todos tivessem dito *fora* em coro, Cupido arrumou as setas, colocou-as no bornal. Num instante alcançou uma nuvem, deitou-se sobre ela e começou a pensar:

– *Eles amam e não sabem o que é amor. Gostam e não definem gostar. Sentem-se atraídos e não explicam por quê. Odeiam, mas não sabem o que traduz esse sentimento.*

Tirando de suas costas um pardal enxerido que tinha chegado até aquela nuvenzinha baixa, refletiu:

– *Eles aprendem com a própria experiência, no relacionamento com os outros jovens. Vivem as emoções e não se interessam em defini-las. Tenho a impressão de que o responsável é aquele barbudinho, lá dos socialistas, chamado Marx, que inventou um tal de processo... o processo de aprender com a realidade.*

Cupido voltou ao Olimpo, pátria de todos os deuses, na perspectiva de procurar outro emprego. Passou num *ferro velho* e vendeu as setas, conservando apenas o ouro das setas da motivação do amor, as SMA.

Este livro não vai precisar das SMA (Setas de Motivação do Amor) e vai apelar ao barbudinho Marx para você *aprender da realidade da vida a realidade de aprender a vida.*

O Autor

1 O QUE ESTUDA A PSICOLOGIA

Psicologia = Ciência do comportamento humano

– Que é Psicologia?

– Que fazem os psicólogos?

– Que papel desempenha a Psicologia numa empresa?

Basta examinar alguns livros de Psicologia para verificar que os psicólogos estudaram vários aspectos do

Comportamento

No estudo do comportamento, alguns psicólogos interessam-se por *problemas de aprendizagem*:

– Como aprendemos a ler?

– Como adquirimos bons hábitos de estudo?

– Qual a melhor maneira de adquirir habilidade profissional para determinada atividade?

– Como treinar empregados cientificamente?

Outros dedicam-se ao estudo das *diferenças entre as pessoas*:

– Quais os níveis de inteligência dos indivíduos?

– Qual a aptidão necessária para o desempenho eficiente de um gerente de vendas?

14   RELAÇÕES HUMANAS

– Que traços de personalidade deve ter um vendedor?

– Quais são os interesses profissionais dos adolescentes?

Outros, ainda, especializam-se no *ajustamento das pessoas*:

– Investigam os dados biográficos de uma pessoa e o desenvolvimento emocional dela.

– Procuram melhorar o ajustamento social e emocional dos indivíduos com problemas de comportamento.

– Tentam desvendar as causas da delinqüência.

Alguns estudam *problemas de motivação*:

– Por que algumas pessoas sentem-se interessadas por valores estéticos?

– Como mover a dona de casa a consumir mais margarina?

– Que leva o adolescente a valorizar os interesses sociais?

Outros estudam o *comportamento humano na indústria*:

– Como selecionar o pessoal para os trabalhos na indústria?

– Como motivar o trabalhador?

– Como resolver o problema da monotonia no trabalho?

– Como tornar o empregado eficiente?

– Como ajustar a máquina ao homem?

No estudo do comportamento humano, a Psicologia trabalha com problemas de aprendizagem (1), diferenças individuais (2), ajustamento pessoal (3), problemas de motivação (4), o homem na indústria (5), entre outros assuntos.

Quando perguntamos:

1. Por que nos é mais difícil compreender esta ou aquela matéria na escola?

2. Por que nos comportamos de modo distinto daquele que realmente desejamos?

3. Por que há ocasiões em que quanto mais desejamos recordar um nome ou um dado qualquer mais parece que eles fogem?

4. Por que, em certas ocasiões, sentimos medo sem uma razão plausível para explicá-lo?

5. Por que ficamos insensíveis ante fatos que nos deveriam emocionar?

Por quê? Por quê? Por quê?

As respostas só poderão ser objetivamente respondidas pela PSICOLOGIA.

Dirão alguns:

- A experiência pessoal, com fracassos, sucessos, lutas, conquistas, é que realmente ensina. *Só a vida nos ensina, com o correr dos anos.*
- É sofrendo que se aprende.
- *A experiência é a mãe da ciência*, e só vem com os cabelos brancos.

As pessoas que pensam assim não deixam de ter razão,

Mas

é pouco prático começar a conhecer o comportamento humano, a vida, quando estamos próximos a sair dela. É BOM aproveitar esse conhecimento o mais cedo possível.

PSICOLOGIA É A CIÊNCIA QUE ESTUDA O COMPORTAMENTO

Simples como parece esta definição, ela contém elementos que merecem uma *reflexão cuidadosa*.

As palavras mais importantes são:

Ciência e Comportamento

Como ciência, a Psicologia trata de descobrir ou desenvolver *conceitos explicativos*.

Que são conceitos explicativos?

Conceitos explicativos são os que exigem *identificação, descrição* e *observação* dos fatos.

Quais os fatos da ciência psicológica *que exigem identificação, descrição* e *observação*?

Os fatos da ciência psicológica são os eventos (acontecimentos) que diversos observadores, em diferentes tempos e lugares, podem ver e sentir de forma semelhante, quando são tratados da mesma forma. Exemplo:

Um evento: entrada tarde.

Este evento poderá ser observado em diferentes empresas e em diferentes ocasiões. As observações serão válidas psicologicamente se obedecerem a idênticas prescrições nos diferentes locais.

Este comportamento – *entrada tarde* –, depois de *observado*, poderá ser *descrito e identificado*.

Se a Psicologia utilizou estes recursos ao desenvolver ou descobrir o comportamento – *entrada tarde* –, utilizando a *identificação*, a *descrição* e a *observação*, valeu-se de um método científico.

Verifica-se que a observação é um método valioso para a Psicologia.

Como deverá orientar-se a

Observação em Psicologia?

Assim:

- *Como observar o comportamento de meus empregados*?
- *Como observar o comportamento de meus auxiliares*?
- *Como não interferir, na observação, com o meu comportamento alternado ou modificando o percebido*?
- *Como limitar o campo de minhas observações a apenas um fato a fim de facilitar a coleta de dados, isto é, observar somente um fato* – entrada tarde – *e não entrada, saída, intervalos, comportamento no trabalho etc.*?
- *Como observar apenas fatos observáveis* – entrada tarde – *e não* o estado emotivo do empregado insatisfeito?

A observação do comportamento, método fundamental na Psicologia, deverá ser planejada.

Se é planejada, obedece a um plano, e este plano deverá responder às seguintes perguntas: *O quê? Quando? Como? Onde?*

O quê, quando, como, onde?
– O que observar?
– Quando observar?
– Como observar?
– Onde observar?

Se observei um tipo de comportamento – *entrada tarde* –, na seção de tecelagem, durante 15 dias consecutivos, das 7h00 às 7h30, assinalando-o, num impresso especial, fiz um levantamento do evento; outro pesquisador poderá confirmar ou invalidar as minhas observações, usando as mesmas variáveis.

Nesse caso, estarei realizando *observação, descrição* e *identificação*. Aí estarei tratando a Psicologia como ciência.

As observações científicas estão sujeitas à confirmação ou à invalidação por outros cientistas que desejem repetir qualquer observação determinada.

Na fábrica de tecidos, *observei, descrevi* e identifiquei o comportamento – *entrada tarde* – num plano:

1. *O que* observar? — Entrada tarde.
2. *Quando* observar? — Das 7:00 às 7:30 horas.
3. *Como* observar? — Assinalando, numa folha especial de registro, as entradas dos funcionários.
4. *Onde* observar? — Na porta de entrada.

Há certos *conceitos* que não constituem uma fonte adequada de conclusão científica. São...

as opiniões
  as fantasias
    as argumentações
      as idéias favoritas
       as "teorias"

O MÁGICO E O CIENTISTA

Em nossa sociedade, dois grupos de profissionais têm demonstrado preocupar-se com as inexatidões de nossos sistemas de percepção – os mágicos e os cientistas. O modo de vida do mágico depende de sua habilidade para explorar as limitações do ser humano como observador. O cientista também registrou progressos na aquisição de conhecimentos sobre as limitações do homem como percebedor.

Mágico e cientista, no entanto, trabalham de forma diversa.

O mágico usa seus conhecimentos secretos para enganar e confundir as percepções dos seus espectadores; o cientista, em busca de uma verdadeira imagem do mundo externo, aprendeu a evitar aqueles tipos de informações e situações em que a observação não é idônea ou válida.

Quando você usa fantasias, opiniões não comprovadas, "idéias favoritas" – *que são sua opinião* –, poderá estar desempenhando o papel do *mágico da palavra*.

Figura 1.1   *O mágico e o cientista – perspectivas diferentes de trabalho.*

A Psicologia não aceita "conclusões mágicas".

Os fatos revelados por procedimentos determinados de observações experimentais constituem a base adequada de conclusões científicas.

A Psicologia não aceita *observações* como estas:

– *Na minha opinião*, esse empregado é muito emotivo.

– *Eu acho* que para resolver a entrada tarde é melhor punir.

– *Pela minha experiência*, as pessoas altas são tímidas.

Uma das contribuições que a Psicologia pode oferecer às empresas é introduzir o método científico (observação, descrição, identificação) como base para colher decisões que facilitem o estudo do comportamento humano. Na realidade, o psicólogo Skinner sugeriu que a Ciência – e, portanto, a Psicologia – consiste em um conjunto de atitudes que nos conduzem a aceitar fatos, ainda que possam ir de encontro a nossas expectativas, esperanças e desejos.

A Psicologia não trabalha no reino da fantasia quando estuda o comportamento humano; trabalha com fatos e com todos os fatos possíveis.

A Psicologia trabalha com fatos no estudo do comportamento humano

A que se refere o termo

Comportamento humano?

O termo *comportamento humano* refere-se sensivelmente ao que é possível que uma ou várias pessoas façam.

Os psicólogos estudam o comportamento em todas as suas formas, desde a mais simples até a mais complexa, desde o piscar involuntário dos olhos até a mais complicada configuração de ações e reações que pode apresentar uma equipe de astronautas que controla e dirige uma astronave. A gama de condutas humanas (comportamentos) estudada pelos psicólogos nas empresas é tão ampla como a estudada pelos psicólogos em outras situações.

EXERCÍCIOS

1. Acreditam alguns psicólogos que a maioria dos problemas humanos na empresa requer a aplicação de conhecimentos do comportamento. A partir dessa afirmação, elabore, com seus companheiros de grupo, um rol de problemas que surgem no trabalho. Escolha um problema e tente apresentar soluções.

2. John D. Rockefeller dizia: "Pela habilidade para lidar com as pessoas, pagarei mais do que por qualquer outra habilidade imaginável."

   Discuta com o seu grupo a afirmação acima e elabore um plano de ação, segundo o qual os recursos humanos terão prevalência e poderão ser aproveitados mais eficientemente na empresa (na escola ou no lar).

3. Acredita-se que os problemas mais intricados que o homem enfrenta hoje são os de caráter social. (Neste caso, o termo *social* é utilizado no sentido de: interação entre indivíduos e grupo, influência entre os indivíduos, liderança e conduta.)

   Faça, com seu grupo, uma relação dos principais problemas sociais de hoje, no lar, na escola, na empresa. Escolha um deles e discuta com os colegas.

4. Um dos principais problemas do homem, segundo sociólogos, psicólogos e filósofos, é aprender a viver consigo mesmo. No entanto, o homem não existe como um ser isolado no tempo e no espaço, já que ele é o produto de suas relações com os demais. Por isso, aprender a viver consigo mesmo é um problema social.

   Discuta o texto com os colegas e depois procure verificar como a Psicologia poderia auxiliá-lo a responder essa questão.

20 RELAÇÕES HUMANAS

5. A Psicologia Social afirma que os acontecimentos mais importantes de nossa vida ocorrem na interação que se estabelece entre nós e os outros indivíduos.

Relacione os fatos importantes de sua vida. Quais foram as pessoas que marcaram esses acontecimentos. Se for o caso, leve ao grupo e discuta com os colegas.

6. Um psicólogo propôs as seguintes questões:
   a. Por que as pessoas são atraídas ou rejeitadas?
   b. Por que as pessoas procuram alguns indivíduos e não outros?
   c. Que efeito tem a ação de atrair ou rejeitar nas pessoas interessadas?
   d. Como se manifestam as ações de atrair ou rejeitar?

   Reúna com seu grupo e discuta essas questões, respondendo-as.

7. Alguns psicólogos sociais pesquisaram o comportamento humano e verificaram os critérios de atração social. Assim:
   a. Há um sentido comum de que a base da atração social é o critério físico das pessoas.
   b. Há outros critérios científicos que acentuam que as pessoas se atraem por semelhança de valores e atitudes, bem como por necessidades e características emocionais.

   Discuta com seu grupo a afirmação acima e quais critérios você utiliza na atração que sente pelas pessoas. Apresente seu estudo ao grupo. Discuta.

8. Sabe-se que a aprendizagem social é um dos problemas mais importantes da Psicologia. Bandura e Walters, dois psicólogos, demonstraram que muitas formas de conduta se aprendem mediante o processo de imitar a conduta dos modelos de pessoas com as quais convivemos ou estamos convivendo.

   Relacione as pessoas (pai, mãe, tios, professores, artistas, profissionais) que tiveram influência na formação de seu comportamento. Especifique uma situação especial.

   Discuta com seu grupo.

9. Uma pesquisa de estudo do comportamento humano revelou que a presença dos outros facilita a realização dos trabalhos que conhecemos, mas interfere com a execução de tarefas menos familiares e conhecidas.

Discuta com seu grupo de que forma o professor interfere na realização das atividades escolares, quando você conhece o assunto e quando não conhece.

10. O estudante de Psicologia naturalmente lança uma série de questões acerca da disciplina. Dentre elas destacamos:

   a. Um curso de Psicologia ajudar-me-á a melhorar meu relacionamento humano?

   b. Vai auxiliar-me em minhas dificuldades de comportamento?

   c. Estarei apto a ter melhores julgamentos sobre mim e sobre outras pessoas?

   d. Serei capaz de planejar minha vida com mais sabedoria?

   e. Serei capaz de controlar melhor meu temperamento quando tornar-me agressivo?

   Responda essas questões e discuta com seu grupo.

2 VOCÊ SABE O QUE SÃO RELAÇÕES HUMANAS?

O termo Relações Humanas tem sido empregado, com freqüência, para referir-se a

Relações interpessoais

Esse relacionamento poderá ocorrer entre:

a. *Uma pessoa e outra*
   - marido e mulher;
   - vendedor e comprador;
   - professor e aluno.

b. *Entre membros de um grupo*
   - pai, mãe e filhos, no lar;
   - professor e alunos, numa classe;
   - empregados e chefes, numa empresa.

c. *Entre grupos numa organização*
   - os grupos de estudo numa classe;
   - os grupos de trabalho numa firma.

VOCÊ SABE O QUE SÃO RELAÇÕES HUMANAS? 23

Figura 2.1   *Um grupo é uma reunião coesa de pessoas, visando a um objetivo comum.*

Você deve ter ouvido falar em

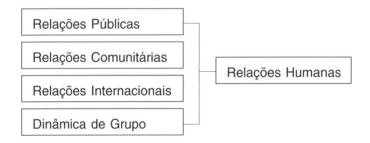

Todos esses termos têm sido empregados com o sentido de relacionamento entre as pessoas, os homens (humanos), em diversos níveis.

O relacionamento entre as pessoas (interpessoal) refere-se a *relações humanas*.

Bem, você, como pessoa, pode relacionar-se consigo mesmo. São as chamadas *comunicações interiores* (diálogo interior).

Você pode dizer a si mesmo:

– Ora, José, vamos, coragem. Vá conversar com aquela menina.
– Mas será, José, que ela vai concordar?
– Não sei, mas, só de pensar, dá-me um friozinho na barriga.
– Ora, deixe de fitas...
– Acha você que é fita?

Quando você estabelece esse diálogo consigo mesmo, está realizando uma *comunicação intrapessoal*, isto é, José conversa com o próprio José.

Figura 2.2 *As relações humanas estudam também o comportamento intrapessoal.*

Relações Humanas podem ser entendidas como

Comunicação interpessoal
Comunicação intrapessoal

RELAÇÕES HUMANAS – UM MANUAL DE BOAS MANEIRAS

Você deve ter ouvido falar de cursos de boas maneiras.

Assim:

- Como portar-se à mesa.
- Como comportar-se numa reunião.
- Etiquetas num casamento.
- A arte de cumprimentar.
- Viva bem em sociedade.

Esses são cursos de Etiqueta que não podem ser confundidos com Relações Humanas exclusivamente.

Esses eventos (fatos) podem ser catalogados como relações interpessoais programadas, estudadas ou como relações humanas de etiqueta.

Muitos outros cursos têm sido programados para levar o indivíduo a enfrentar problemas nas relações inter e intrapessoais e vaciná-lo contra a agressividade, dando-lhe melhor eficiência no seu relacionamento com os outros (relacionamento humano).

RELAÇÕES HUMANAS – UMA CIÊNCIA DO COMPORTAMENTO HUMANO

As Relações Humanas têm sido estudadas como uma ciência – a ciência do comportamento humano, em seu relacionamento intra e interpessoal.

O estudo das Relações Humanas vale-se de outras ciências que estudam o homem em seu relacionamento, como a Psicologia, a Sociologia, a Moral, enfim, as chamadas *ciências sociais*.

Por isso, as Relações Humanas também têm sido chamadas *ciência do comportamento humano*.

Relações humanas = Ciência do comportamento humano

As Relações Humanas ou Interpessoais são eventos (acontecimentos) que se verificam no lar, na escola, na empresa. Quando há conflito no relacionamento interpessoal, diz-se que há problemas de Relações Humanas.

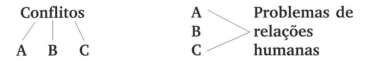

Sabe-se que o Administrador eficiente tem de ser capaz de compreender e de lidar com os problemas econômicos e técnicos, *mas precisa também ser capaz de compreender e de lidar com pessoas* (comportamento interpessoal).

EXERCÍCIOS

1. Reúna seu grupo de classe e atribua papéis aos elementos participantes. Assim:

    Aluno A – papel de Pai
    Aluno B – papel de Mãe
    Alunos C, D, E – papel de Filhos

    Monte uma cena (ou cenas) de Relacionamento Humano no lar. Apresente a cena à classe. Peça a seus colegas que discutam o problema e proponham soluções.

2. Monte uma cena (ou várias) cujo enredo se passe numa sala de aula, no relacionamento interpessoal aluno-professor. Apresente a peça à classe. Discuta a solução, utilizando a seguinte orientação:

    a. papel (na situação apresentada) do professor;
    b. papel (na situação) dos alunos;
    c. soluções apresentadas;
    d. análise das soluções apresentadas.

    As soluções apresentadas poderão ser levadas ao quadro, a fim de que a classe escolha a mais válida para o equacionamento do problema.

3. Como anda sua eficiência em relacionar-se com seus colegas, amigos e companheiros de trabalho? Peça a seus colegas de grupo que dêem nota a você, valendo-se dos itens a seguir. Assim:

    0 – ausência   1 – pouco   2 – regular   3 – muito   4 – bastante

GRÁFICO DE EFICIÊNCIA INTERPESSOAL		
Nome		
Comportamento observado	Nota	Observações
1. Compreende os outros		
2. Aceita opiniões alheias		
3. Participa do trabalho de grupo		
4. Procura auxiliar as pessoas em dificuldade		
5. Julga cada pessoa pelo que ela é		
Total de pontos		

Critério de Avaliação	
Pontos	Conceito
18 a 20	Ótimo. Continue assim.
15 a 17	Bom. Procure melhorar.
12 a 14	Procure rever suas atitudes.
9 a 11	Cuidado, as coisas não vão bem.
0 a 8	Alerta, seu comportamento está causando problemas.

4. Determinada pessoa (você) com dada personalidade (extrovertida, alegre, comunicativa, agressiva...), em determinada relação interpessoal, comportar-se-á de determinada maneira numa situação especial.

Bem...

   a. VOCÊ – determinada pessoa;

   b. com sua personalidade (descreva-se);

   c. em determinada situação (obteve uma nota muito baixa, inesperada);

   d. como agiria.

(Descreva a situação)

5. Dizem alguns autores que as pessoas que não se relacionam bem (relações interpessoais) são aquelas que não aceitam as mudanças de seu próprio comportamento. Faça um teste de relações humanas.

   Você aceitaria as mudanças que se fizessem...

   a. no lar;

   b. em seu trabalho;

   c. em sua escola?

   Exponha as razões pelas quais você aceitaria (ou não) as mudanças de situações já há muito tempo estruturadas.

6. Às vezes, as relações entre grupos causam conflitos, em razão das posições filosóficas, econômicas, de preconceitos, estruturadas por dois grupos.

   Faça um confronto entre o modo de agir e de pensar entre grupos, colocados lado a lado, isto é, seus próprios grupos. Os grupos a seguir estão em conflito ou agem e atuam da mesma maneira.

	acordo	conflito
1. Grupo Família – Grupo Escola	_____	_____
2. Grupo Família – Grupo Trabalho	_____	_____
3. Grupo Família – Grupo Diversão	_____	_____
4. Grupo Trabalho – Grupo Diversão	_____	_____
Qual sua área de maior conflito? Discuta.	_____	_____

7. Você viu que a disciplina Relações Humanas estuda o comportamento humano, em suas relações interpessoais. Partindo desse conceito, escreva as razões pelas quais você não aceitaria a definição:

"O objetivo das Relações Humanas, como disciplina, é manter o empregado feliz, sem levar em conta o preço que isso possa custar."

8. Verifica-se, pela pesquisa e pela prática, que o conflito interpessoal e intrapessoal (fora e dentro do indivíduo) entre grupos, além de ser uma força destrutiva, pode constituir um exemplo construtivo.

Discuta essa afirmação com seus companheiros de grupo e depois dê exemplo de uma situação conflitante que você viveu e que serviu de lição para o futuro.

9. Nas Relações Humanas, você poderá manifestar diferentes tipos de comportamento como; atitudes, motivação, satisfação de necessidades, frustração, comportamento defensivo, agressividade e outros.

Faça um mapa psicológico de seu comportamento nas relações interpessoais (humanas) na escola, no lar e no trabalho. Assim, uma composição com o título:

COMO SOU?

Utilize os seguintes elementos:
a. minhas atitudes mais comuns;
b. as pessoas ou as situações que mais me motivam no trabalho, no lar e que me levam a agir;
c. a satisfação das minhas necessidades básicas, como, por exemplo, desejo de louvores, desejo de vencer, desejo de competir etc.;
d. como reajo às frustrações;

e. como trabalho com a minha agressividade (em relação a mim e aos outros);

f. outros.

Leia a composição aos companheiros de grupo. Eles o vêem como você se vê?

10. Um tipo de comportamento que dificulta o relacionamento interpessoal é, segundo os autores de Relações Humanas, "uma forte tendência à parar de ouvir, enquanto estamos falando".

Discuta com seu grupo esse item. Peça aos elementos do grupo que o analisem em função desse comportamento, isto é,

VOCÊ SABE OUVIR?

3 OLHANDO PARA VOCÊ... OLHANDO PARA OS OUTROS

Você deve ter notado que muitas pessoas podem falar sobre *relações humanas* e discuti-las em conferências, discursos e conversas, mas não são capazes de praticar relações humanas legítimas.

Essas pessoas, geralmente, apresentam comportamentos como os relacionados a seguir:

a. não ouvem tão bem quanto falam;

b. interrompem os outros, quando falam;

c. são agressivas;

d. gostam de impor suas idéias;

e. não compreendem as outras pessoas além de seu ângulo de visão.

Você já procurou, também, verificar suas falhas em:

a. ver como você mesmo é?

b. ver como são os outros?

c. compreender seus próprios sentimentos?

d. entender seus preconceitos?

e. entender o relacionamento entre as pessoas?

Um grupo de psicólogos, que trabalhou em treinamento em Relação Humanas, chegou às conclusões que seguem:

1. Grande parte do nosso trabalho é feita por meio do contato com os outros, quer como indivíduos, quer como grupo.

2. A eficiência em lidar com outras pessoas é muitas vezes prejudicada pela falta de habilidade, de compreensão e de trato interpessoal.

Figura 3.1   *Este tratamento professor-aluno é eficaz?*

3. As pessoas que têm mais habilidade em compreender os outros e têm traquejo interpessoal são mais eficazes no relacionamento humano.
4. A experiência tem comprovado que as pessoas podem aprender a aperfeiçoar sua habilidade em compreender os outros e a si próprias, adquirindo traquejo nas relações interpessoais.

A compreensão dos outros (um dos aspectos mais importantes nas Relações Humanas) é a aptidão para sentir o que os outros pensam e sentem.

A essa aptidão denominamos *sensibilidade social* ou *empatia*. Entenda-se que empatia é diferente de simpatia, de antipatia ou de apatia. Simpatia você sente em relação ao outro, junto com ele. Se tenho simpatia por Maria, sinto-me alegre se ela está alegre, triste se está triste e vibro com seus sucessos.

Na atitude empática (sensibilidade social) compreendo como Maria se sente (alegre ou triste) e sua maneira de agir em função desses sentimentos, *mas não me envolvo neles*. Sou capaz de compreendê-la, mas não de sentir o que ela sente (simpatia).

Figura 3.2 *Pela empatia, eles se entendem melhor.*

Se você for lidar com pessoas, você deverá:

a. compreender as pessoas (sensitividade social, empatia);
b. ter flexibilidade de ação (comportamento) em função das atitudes e sentimentos que você conseguiu empatizar.

Flexibilidade de comportamento significa que você deve conduzir-se apropriadamente numa situação dada, com determinada pessoa. Veja os casos que seguem:

se Maria – criança de 5 anos me agride;

se Paulo – um adolescente de 13 anos me agride;

se meu pai – um adulto me agride;

se meu chefe – também adulto, me agride;

se minha namorada – a quem amo, me agride...

...não posso ter uma reação uniforme para com todos os casos. Se assim agir, não terei *flexibilidade de comportamento*, faltou-me *empatia* (compreender o comportamento de cada um, com as suas peculiaridades).

Isso significa que devo ter um repertório de condutas que varia conforme a situação e a pessoa.

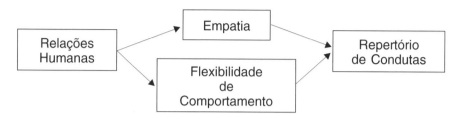

Este tipo de comportamento você poderá desenvolver submetendo-se a um treinamento em sensitividade social e flexibilidade de comportamento.

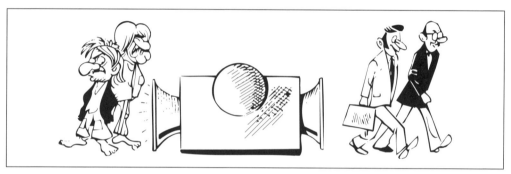

Figura 3.3 *Você pode desenvolver a sensitividade social e apresentar-se melhor aos outros.*

Você poderá começar a desenvolver *sensitividade social* e *flexibilidade de comportamento* por meio de:

    a. melhor conhecimento de si próprio;
    b. melhor compreensão dos outros;
    c. melhor convivência em grupo;
    d. desenvolvimento de aptidões para um relacionamento mais eficiente com os outros.

Vejamos como isso acontece.

MELHOR CONHECIMENTO DE SI PRÓPRIO

Às vezes, não compreendemos por que temos certos tipos de comportamento ou atitudes. Não tentamos verificar que isso pode acontecer porque temos dentro de nós *conflitos que não conseguimos resolver*.

Esses conflitos íntimos impedem nossa maneira eficiente de agir. Você deve ter ouvido alguém dizer:

– Está cego de raiva.

– Quem ama não vê defeitos na pessoa amada.

Você deve ter tido consciência de pessoas que não percebem a atmosfera psicológica que criam no trabalho, no lar, no grupo de amigos. Assim:

– Quando José chega, ninguém mais conversa. Ele cria um ambiente muito tenso.

– Quando Marisa chega, todo mundo fica alegre. Ela irradia simpatia.

– Mário confere um ambiente de seriedade a tudo que faz. Quando ele está no grupo, ninguém fica parado.

Você já foi informado sobre o impacto que causa em seu ambiente e nos outros? Você já observou como seu comportamento influi nos outros?

Você já *aprendeu* a reconhecer as *defesas* que utiliza para repelir ameaças imaginárias ou reais?

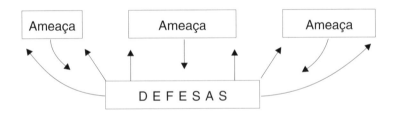

Você é desses que não aceitam críticas, e quando é criticado responde de imediato:

– Você tem é ciúme.

– Você está com inveja.

– Você diz isso porque é um cara que não gosta de mim.

– Você é chato mesmo.

– Ora, "vai ver se estou na esquina".

Se isso acontece, você é uma pessoa que costuma armar-se de defesas para fugir às ameaças e não enfrentá-las.

Por outro lado, há pessoa que se frustra com facilidade e que, quando não alcança o objetivo almejado, se recrimina:

– Comigo não dá nada certo.

– Logo comigo vai acontecer isso.

– Era melhor que eu não tivesse vindo.

– As coisas são melhores quando eu não saio de casa.

Se as pessoas descobrem como agem, por que agem e tentam descobrir maneiras para compensar tais comportamentos, isso as ajudará a agir com mais eficiência no relacionamento interpessoal e na compreensão intrapessoal.

MELHOR COMPREENSÃO DOS OUTROS

Depois que comecei a compreender-me melhor, passo a tentar entender com mais eficácia os outros. Entendi as barreiras e defesas que limitam meu relacionamento. Estabeleci, portanto, as metas:

1ª compreender melhor como eu sou;

2ª compreender os outros.

Você deve ter pensado em como é possível chegar a compreender as outras pessoas, a fim de entendê-las melhor em seu comportamento. Se começar a ouvir diálogos como os seguintes, as coisas vão bem:

– Agora sei por que você é agressivo.

– Entendo, finalmente, por que você não é capaz de falar em público. Entendo suas razões.

– Aceito-o melhor, agora, porque sei que esse comportamento lhe é típico.

É muito difícil entender alguém pensando em planos mágicos como a astrologia, a leitura de cartas do baralho ou consultando uma quiromante.

Você poderá conhecer melhor as pessoas, observando seu comportamento, dando a elas a oportunidade de exporem seus pensamentos, sentimentos e ações, no relacionamento com seus semelhantes.

– Mílton, quando é pressionado por seus superiores, perde a palavra. Tenho observado isso todas as vezes que ele encontra-se nessa situação. Levantei até uma linha do comportamento dele.

Você poderá treinar sua sensitividade social, a fim de tornar-se mais sensível ao desempenho do comportamento dos outros.

Poderá, dessa forma, reconhecer as diferenças entre as pessoas no modo de agir, pensar e sentir. Poderá entender melhor por que você age de certa forma, em relação aos outros.

Quanto mais você observa o comportamento dos outros, agindo operacionalmente, mais vai ampliando seu potencial de sensitividade e o elenco de comportamentos analisado. Assim, você terá mais condições de interpretar os outros pelo que eles são e não pelo que você desejaria que fossem, *enquadrados em seu modo de pensar*.

Se você é corintiano e acha que todas as outras pessoas devem ser corintianas, não entende por que há palmeirenses, bugrinos e flamenguistas; realmente você está enquadrando os outros em seus esquemas rígidos de pensar (esquemas referenciais).

Assim acontece também com pensamentos rígidos, sentimentos cristalizados, que não mudam e que bitolam o comportamento da pessoa no entendimento do outro. Esse comportamento chama-se *estereótipo*.

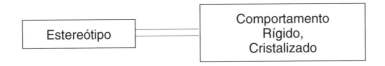

Você pode passar a ver e a julgar outras pessoas por seus estereótipos.

Há pessoa que fuma e acha que todos deveriam fumar e que quem não fuma não vive a vida. O indivíduo que é agressivo acredita que todo mundo vive provocando-o.

Assim, quem gosta de vermelho não aprecia as pessoas vestidas de verde. Tais pessoas passam a ver as outras pela cor de seus óculos.

Nossas primeiras impressões de uma pessoa podem estar alicerçadas em estereótipos.

- Ah! é mulher... não sabe dirigir.
- É latino-americano, então é sentimental.
- Ora, é cabelo de fogo... cuidado com ele.
- É loira, só podia... por isso é volúvel.

MELHOR CONVIVÊNCIA EM GRUPO

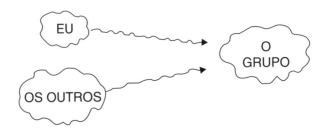

Você convive em grupo na família, na escola, no trabalho e em diversões.

Por outro lado, papéis são desempenhados nesses grupos, como o papel de pai, de mãe e de filho. Na escola, há o papel de aluno, professor, diretor, servente, secretário e outros. No trabalho, você encontra o chefe, o coordenador de equipe, o auxiliar e tantos outros.

Você pode desempenhar diversos papéis, assim como de filho, no lar; de aluno, na escola; de motorista, no trânsito; de comprador, na banca de jornais; e de escriturário, na empresa.

Poderá perceber também os chamados papéis funcionais e bloqueadores num grupo. Os papéis funcionais, num grupo, podem ser percebidos no líder, no facilitador, no informador, naquele que incentiva ou ajuda.

Os papéis bloqueadores poderão ser percebidos naquele que conta piadas, interrompe os outros com freqüência, no trocadilhista, no agressor, no importuno, no adulador. São papéis que bloqueiam o desenvolvimento normal de um trabalho.

Num processo de grupo, durante seu desenvolvimento, você poderá notar comportamentos, tais como:

- apartes;
- expressões fisionômicas que traduzem ansiedade;
- pouco caso;
- indiferença;
- agressividade;
- formação de panelinhas;
- conversas paralelas;
- bloqueio ao grupo;
- bloqueio a determinados elementos do grupo;
- esnobismo.

Sentindo esses tipos de comportamento e sabendo como tratá-los, você terá condições de perceber como o grupo funciona e como os indivíduos interagem, e colocar sua atuação em função da realidade percebida.

- Como funciona seu grupo familiar?
- Como funciona seu grupo de escola?
- Como funciona seu grupo de trabalho?

Dessa forma, desenvolvendo a sensitividade social, num grupo, você terá mais condições de levá-lo a um procedimento mais funcional e a relações mais amistosas.

DESENVOLVIMENTO DE APTIDÕES PARA UM RELACIONAMENTO MAIS EFICIENTE PARA COM OS OUTROS

À medida que você vai utilizando o conhecimento de si e dos outros, aprende a maneira de se comunicar mais eficazmente, isto é:

a. como ouvir;

b. como dialogar;

c. como informar;

d. como avaliar;

e. como elogiar;

f. como disciplinar.

Você percebe que vai melhorando essas aptidões específicas de comportamento à medida que compreende melhor você mesmo, os outros e vai conscientizando-se de sua atuação em grupo.

Todas as relações interpessoais envolvem comunicação. Quando você treina o desenvolvimento de suas atividades, duas aptidões são frisadas, logo de início:

– saber ouvir e

– saber receber mensagens.

E o que se pergunta logo:

– Você sabe ouvir?

– Você é capaz de receber mensagens dos outros, objetivamente?

Você já notou que, algumas vezes, a pessoa está falando e você apenas ouve o som das palavras, outras vezes ouve apenas o que deseja ouvir?

– Como? Não ouvi o que você disse.

– Você disse mesmo isso?

Não raro, a gente "filtra" a mensagem, ouvindo apenas o que nos convém ouvir.

Acontece que, geralmente, ficamos pensando no que devemos responder e acabamos não respondendo nada.

Você já pensou em aprimorar a mensagem, a fim de que ela atinja realmente o interlocutor? Como é difícil atingi-lo?

Não é difícil receber a mensagem, o mais difícil é trabalhá-la para a enviar.

– Como escolher a mensagem adequada?
– Como usar a liguagem apropriada?
– Como usar o termo apropriado?
– Como transmitir exatamente nossas idéias e sentimentos?

Você deve ter percebido que, às vezes, transmitimos certos comportamentos não verbais que não era nosso desejo transmitir. Assim:

– um franzir de cenho;
– um olhar distante;
– bocejos;
– conversações à parte;
– maneira deselegante de sentar;
– limar as unhas;
– olhar para o alto.

Tudo isso pode transmitir sentimento de desaprovação ou de aborrecimento, quando a linguagem verbal não tenha por intenção enviar qualquer mensagem.

O fato é que você poderá desenvolver aptidões para um relacionamento mais espontâneo e com compreensão melhor de seu interlocutor.

A ARTE DE PERCEBER OS OUTROS

– Que você acha da Magrit?
– Genial, inteligente, cooperadora, dinâmica.

A primeira etapa na percepção de uma pessoa é formar uma impressão acerca da impressão que causa no observador. Por meio dessa impressão, dirigimos nosso comportamento interpessoal.

Formamos uma impressão da outra pessoa observando suas ações, sua voz, seus gestos, seus movimentos expressivos, o que ela diz, como reage a nossos comportamentos.

– Agora posso julgar melhor a Magrit, pois já conheço bastante todas as suas atitudes. Conheço suas preferências, seus gostos, seus objetivos, seus traços de personalidade.

Nossas ações diante de Magrit são orientadas pelos julgamentos que fazemos dela, por meio da percepção que tivemos no relacionamento interpessoal.

Nossa conduta em relação a Magrit depende, pois, da experiência que tivemos com ela. Como em nossa interação ela mostrou-se colaboradora, inteligente, interessada, agimos em relação a ela como se esperássemos que tivesse sempre esse tipo de comportamento.

Para compreender a conduta de uma pessoa, temos de incluir:

a. duas pessoas;
b. uma situação comum;
c. interação entre ambas;
d. a experiência entre ambas (interexperiência).

Assim:

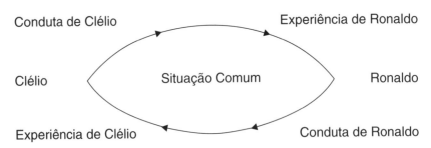

– Como age Clélio em relação a Ronaldo?
– Age em função da experiência de relacionamento interpessoal que teve com Ronaldo, isto é, sua atitude para com Ronaldo depende dos relacionamentos interpessoais que manteve com ele.
– Qual a experiência de Ronaldo em relação a Clélio?
– Ora, depois do inter-relacionamento entre Ronaldo e Clélio, Ronaldo passa a agir em relação a Clélio de acordo com o que observou do comportamento dele. Como agiu Clélio: foi agressivo, sempre conversador, responsável, colaborador?

Se isso realmente foi observado, quando Ronaldo precisar de algum colaborador vai solicitar os préstimos de Clélio.

Assim, a conduta de Ronaldo em relação a Clélio e de Clélio em relação a Ronaldo é avaliada em função da experiência que cada um tem do outro, no dia-a-dia, das relações interpessoais.

– Como Ronaldo percebe Clélio?
– Ronaldo percebe Clélio, em função da experiência que teve dele, em seu trabalho, no lazer e nos encontros.

Por intermédio da *percepção social* formamos impressões sobre as pessoas e por meio de nossas experiências com elas. O comportamento (atitudes, conduta) das pessoas é que nos leva a percebê-las e a julgá-las.

Se nossas percepções e nossos julgamentos acerca dos outros são corretos, estabelece-se uma comunicação autêntica e torna-se possível uma relação interpessoal conjunta.

Se as percepções e os julgamentos são errôneos, talvez surjam dificuldades que tendam a provocar relações interpessoais precárias.

É bom lembrar, no entanto, que todos nós temos "pontos cegos" na percepção e "atalhos no modo de pensar", o que dá uma imagem distorcida da realidade.

– Você já percebeu que não gosta de pessoas de cabelo de fogo?
– Você já percebeu que não topa as loiras?
– Ora, pela minha experiência, são todas iguais.
– Você orgulha-se de sua habilidade de olhar as pessoas de maneira desapaixonada e objetiva, mas...
– ...mas a realidade é que a cada vez que encontramos uma pessoa formamos impressões favoráveis ou não que influenciam nosso comportamento social.
– Lembra-se daquela vez, no escritório, que você nem ouviu direito aquele candidato ao emprego, só porque tinha cabelo de fogo?
– É... a gente gosta ou não gosta, às vezes, sem condições de saber por que agimos assim.

A *percepção social* é a maneira pela qual as pessoas formam impressões e, espera-se, compreendem-se mutuamente.

Empatia (ou sensitividade social) é a extensão com a qual conseguimos compreender realmente os outros.

Na *percepção social* temos de considerar três aspectos:

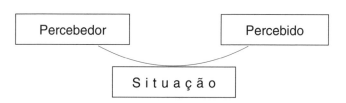

42 RELAÇÕES HUMANAS

1. *Percebedor* – é a pessoa que está "olhando" e tentando compreender o outro.

2. *Percebido* – é a pessoa que está sendo olhada e compreendida.

3. *Situação* – é a soma das forças que atuam no meio, no momento de perceber.

Na percepção do comportamento de uma pessoa, há uma série infinita de percepções. Assim:

1. Percepção de 1ª ordem – como vejo o percebido.

2. Percepção de 2ª ordem – como o percebido pensa que o estou percebendo.

3. Percepção de 3ª ordem – como o percebedor pensa que o percebido pensa que ele o percebe.

Assim:

– Como James percebe Odilon.

– Como Odilon pensa que James está percebendo-o.

– Como James pensa que Odilon pensa que ele está percebendo-o.

Indícios de Percepção

– Alô, Arymar, como vai? Dá cá um abraço. Você é batuta.

Por meio de indícios, podemos perceber melhor as pessoas. Os indícios são: palavras, gestos, expressões fisionômicas, atitudes e comportamentos específicos.

Há indícios indiretos de percepção como: comentários, fofocas, cartas de referências, elogios e críticas.

Há uma tendência em perceber o indivíduo em função do grupo racial, étnico, idade, de sexo ou de classe social a que ele pertence.

– Não adianta você fazer nada, o índio é mesmo indolente.

– Tá certo... todo latino é fogo mesmo, não é capaz de pensar friamente, por isso não acredito no Ory.

– Olha, depois dos 40, homem nenhum tem mais condições de produzir a contento. Veja, esse professor já foi bom...

– É o que digo a você, na classe "A" é que há maior desarmonia entre as famílias. Se esse fulano é da classe "A" pode escrever, ele não se dá bem com a esposa.

Assim o percebedor antes de entender o outro, tacha-o num estereótipo e, em função desse julgamento congelado, passa a interagir com outra pessoa.

Figura 3.4 *Certos estereótipos marcam muitos indivíduos.*

Se os estereótipos tendem a congelar nossos julgamentos, à medida que obtivermos mais dados a respeito de uma pessoa iremos reformulando nossas percepções e felicitando nosso inter-relacionamento.

Isso tem levado psicólogos a chamar a atenção sobre a não-validade das primeiras impressões que, em geral, são enganosas.

- Não, não acredito, o Martins é incapaz de fazer uma coisa dessas.
- Mas, ele vive perseguindo o Mílton.
- Ora, logo o Mílton, aquele "cara de pau". Francamente, não acredito, se fosse outro...

Não raro, costumamos exagerar nossa percepção de outras pessoas, o que elas têm de mais constante e não acreditamos que possam ter um comportamento distinto daquele com o qual a batizamos.

Se você tem uma impressão favorável de uma pessoa, essa impressão tenderá a irradiar-se em todos os seus comportamentos, julgando-a incapaz de ser possuidora de traços indesejáveis.

Ao contrário, se você teve experiências desagradáveis com uma pessoa, você acaba crendo que ela não tem qualidades agradáveis.

– É aquela história: quem ama o feio, bonito lhe parece.

– Exatamente.

– Você sabe como se chama isso em Psicologia?

– Não.

– É o *efeito do halo*.

Assim, associamos os fatos que estão próximos e são semelhantes, pois a proximidade e a semelhança de fatos sociais levam a torná-los comuns. Os políticos numa situação difícil recusam cargos para não serem envolvidos, pela proximidade e semelhança, com os fatos.

– Conhece aquele rapaz da tesouraria?

– Um alto, moreno? Conheço-o. E daí?

– É muito inteligente, você precisa ver. É um rapaz brilhante, cursa Economia na USP, e escreve para revistas; é um talento.

Há indícios cuja tradução é mais clara. Um sorriso, um alô amigável refletem calor pessoal. Um simples aceno de mão, às vezes, não diz muito, porque é um tanto indefinível como indício.

Há indícios expressivos de percepção do outro, como voz, expressão facial, situações típicas, que provocam determinada impressão no percebedor.

É o caso de políticos, atores que utilizam recursos de voz, expressão facial e situações típicas, visando alcançar o observador.

Os aspectos do rosto têm sido considerados para avaliar a percepção dos outros. As pessoas tendem a atribuir a determinados tipos de rosto determinados comportamentos.

Em nossa cultura, na qual os cosméticos desempenham papel importante na beleza, a variável do rosto e cabelo "bem arrumado" são índices de aceitação social.

Acentua uma pesquisa que a quantidade de batom está ligada à sensualidade: como os lábios grossos. Os lábios finos e arqueados para baixo indicam dureza de caráter.

Cabelos brancos indicam distinção, responsabilidade.

Essas correlações nem sempre correspondem à percepção esperada.

Os padrões de voz são indícios de que os percebedores utilizam, às vezes, para julgar as pessoas. Assim, se a pessoa é autoritária, deve – segundo julgam – ter a voz grave, dura, seca, e, se é submissa, a voz é baixa, fina e sutil.

– Ah! não vai, esse cara é corintiano, todo corintiano é fanático!

– Também, nem tanto. Sabe, acho que todo são-paulino é cheio de coisinha...

Há uma tendência em caracterizar um indivíduo, situando-o no grupo a que pertence ou nas qualidades mais comuns de seu grupo.

– Sabe, não confio muito em mulheres loiras, elas são volúveis.

Chamam-se *estereótipos sociais* os conhecimentos relativamente simples e sem análise de certos grupos sociais que cegam o indivíduo que observa. O observador não percebe que há entre os membros do grupo múltiplas diferenças. Nem todo corintiano é fanático e muitos deles são ponderados, calmos e frios.

EXERCÍCIOS

1. Certos indícios são mais nítidos do que outros. Os sorrisos nem sempre dizem a mesma coisa. O sorriso tipo Mona Lisa é de difícil tradução.

   Reúna-se com seu grupo e faça uma análise dos sorrisos, como mensagem.

2. Apresentaram-se duas moças para o cargo de secretária.

   Sobre a primeira – Dilce – dizia-se o seguinte: "É afetuosa, inteligente, introvertida, responsável, tem auto-confiança e um ar de refinamento."

   Sobre a segunda – Mirza – dizia-se o seguinte: "É agressiva, impulsiva, dominante e tem ares de autoritária."

   Reúna-se com seu grupo e tente imaginar a aparência dessas duas mulheres, nos aspectos faciais, isto é, olhar, aparência física, testa, narinas, tipo de boca, postura etc.

   Confrontem depois os resultados de percepção.

3. Diz-se em percepção social que *metaperspectiva* é a minha visão que o outro tem de mim, isto é, como percebo que o outro me percebe. Não me posso ver como os outros me vêem, mas suponho que eles me vêem de maneiras distintas.

   Baseado nisso, faça o seguinte exercício:

   a. Como me vejo (minha visão de mim mesmo) – perspectiva direta de percepção.

   b. Como vejo você.

   c. Como penso que você me vê.

   d. Como penso que você pensa que o vejo.

   Faça o exercício e peça a um colega que também faça o mesmo exercício pensando em você. Confronte os resultados. O exercício é muito inte-

46   RELAÇÕES HUMANAS

ressante para díades, isto é, grupos afetivos de dois, como namorados, noivos e casais.

4. O conceito que tenho de mim constitui a minha auto-identidade. O julgamento que os outros fazem de mim, como estudante, amigo, colega, constitui a meta-identidade.

Faça com seus colegas de grupo o seguinte exercício:

a. Levante sua auto-identidade como estudante (escolar, comportamento acadêmico), colega e amigo.

b. Peça a seus colegas que levantem sua meta-identidade, isto é, como eles o vêem como estudante, colega e amigo.

c. Estabeleça um confronto entre a auto e meta-identidade.

5. Sabemos que nosso comportamento em relação a uma pessoa depende da experiência que tivemos com ela. Seu relacionamento interpessoal conosco leva-nos a imaginar (perceber) sua atitude.

Em função disso, combine com um colega seu para realizar o exercício.

a. Escreva qual a atitude de seu colega em relação a você.

b. Peça-lhe que escreva o mesmo.

c. Justifique como o comportamento dele levou você a julgá-lo em suas atitudes.

d. Peça-lhe que faça o mesmo.

e. Confrontem os resultados.

Esse exercício presta-se para ser realizado em díades.

6. Como é a atuação de meu comportamento (atitude) em relação a meu pai, a minha mãe, a meu namorado, a meu professor, a meu chefe (percepção reflexiva).

Discuta com a pessoa em relação à qual você realizou a análise.

7. A conduta de uma pessoa é interpretada em função de certo número de critérios.

Faça análise, com seu grupo, da afirmação:

"O homem que chora não merece ser chamado de homem."

Discuta com seu grupo a afirmação. Depois verifique quais os critérios que utilizaram para avaliar esse tipo de conduta.

8. De muitas coisas que vemos ou ouvimos, selecionamos umas poucas coisas para recordar (percepção seletiva).

Combine com um colega, forme uma díade e faça um levantamento a dois. Olhem-se bem, durante alguns minutos, virem as costas e comecem a escrever:

O que percebi de você, o que consegui selecionar de você. Como você é. Como são seus olhos, seu rosto, seu modo de falar e suas expressões.

Voltem-se e confrontem-se. Discutam a "percepção seletiva". Há pontos de encontro?

9. As pessoas discordam sobre a percepção de determinado evento e não estão de acordo com sua interpretação. Chama-se isso *diferencial semântico*. Quais os conceitos – bom, mau, forte, fraco, triste, alegre, válido, não válido – que você daria aos eventos aulas, casamento, liberdade, sexo, disco voador? Preencha o gráfico a seguir, depois discuta o resultado com seus colegas.

EVENTO: Casamento

	3	2	1	0	1	2	3	
Bom								Mau
Forte								Fraco
Válido								Não Válido
Triste								Alegre

Depois levante seu conceito percepcional:

– Casamento é um evento...

Faça o mesmo com os outros eventos.

10. A visão que você tem de si mesmo é semelhante à visão que você pensa que Maria tem de você?

Planeje um exercício com outra pessoa (díade) para testar sua percepção (autopercepção) e a percepção que você tem do que o outro percebe de você (metapercepção):

a. combine com uma pessoa de sua estima o exercício;

b. combine para que cada um escreva o que pensa de si mesmo em relação a alguns fatos, como escola, casamento, amizade, esporte etc.;

c. escreva o que você pensa que a outra pessoa pensa que você pensa sobre esses fatos;

d. peça-lhe que faça o mesmo;

e. confronte os resultados.

4 A ARTE DA COMUNICAÇÃO

A comunicação acontece quando duas pessoas são *comuns*.

Comum	=	Comunicação

Quando duas pessoas têm os mesmos interesses, há um ponto em *comum*. Aí a mensagem flui entre ambos, pois os interesses são comuns.

Interesses	mensagem	Interesses

Quando duas pessoas têm a mesma idade ou estão no mesmo estado do Eu (Pai, Criança, Adulto), a mensagem passa, com maior facilidade, de um a outro. Há *comum – (ic) ação*.

– Bem, e o que é *ser comum*?

– Ser *comum* é ser *como um*.

Ser *como um* (comum) é ter afinidades, ter empatia, sentir junto, pensar junto, é ser como um todo.

Como 1	=	Comum

A comunicação humana só existe realmente quando se estabelece entre duas ou mais pessoas um *contato psicológico*.

Não é suficiente que as pessoas com desejo de comunicação se falem, se escutem ou mesmo se compreendam... é preciso mais.

A comunicação humana existe entre as pessoas quando elas conseguem se encontrar ou reencontrar.

Figura 4.1 *Não há comunicação quando os interesses não são comuns.*

Quando a comunicação se estabelece mal ou não se realiza entre pessoas que estão juntas, ou entre grupos, nós dizemos que há:

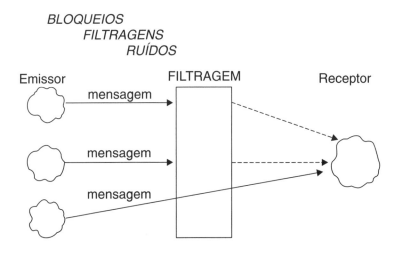

Quando uma mensagem é recebida apenas em parte, a comunicação existe, mas há o que se chama de FILTRAGEM.

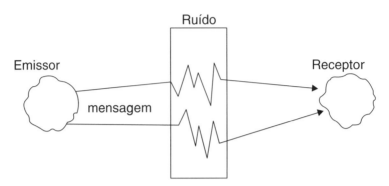

Chama-se RUÍDO o tipo de comunicação entre duas pessoas ou em grupo, quando a mensagem é distorcida ou mal-interpretada.

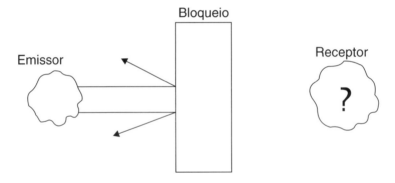

Há BLOQUEIO na comunicação entre duas pessoas, quando a mensagem não é captada e a comunicação interrompida.

Normalmente, podemos perguntar-lhe:

- Quais as barreiras psicológicas, os muros, as zonas de silêncio que existem entre você e seu interlocutor, em seu grupo de trabalho e em seu grupo-família?

Entre você e sua esposa (ou noiva, ou namorada) existem *zonas de silêncio*, isto é, assuntos em que se estabelecem barreiras psicológicas ou muros de vergonha.

- Por favor, não me fale nesse assunto. Você sabe que eu não gosto de conversar sobre isso.
- Mas... é importante a educação de nossos filhos...
- Não, por favor, não... você já sabe o que eu penso.

Qualquer que seja a duração de um bloqueio de comunicação, ele perturba a percepção que você tem de si próprio e dos outros e, em conseqüência, suas atitudes, seus comportamentos tornam-se falsos.

As filtragens provocam mal-entendidos.

– Sei, sei bem o que ele quis dizer... Quando ele falou em vadiagem, referiu-se a mim...

– Não, não foi isso, você interpretou mal.

– Não, você viu como ele olhou para mim?

– Ora, ele olhou para todo o mundo da mesma forma.

– Ele está é marcando-me...

Os bloqueios, as filtragens e os ruídos provocam ressentimentos, que, às vezes, duram longo tempo, criando inimizades.

Você já percebeu que um dos problemas básicos em comunicação é que o significado que você captou de uma mensagem pode não ser exatamente aquele que o emissor quis transmitir.

Nossas necessidades e experiências tendem a colorir o que vemos e ouvimos, a dourar certas pessoas e a enegrecer outras. As mensagens que não desejamos aceitar são reprimidas. Outras são ampliadas, engrandecidas e comentadas.

– Quais as razões pelas quais as comunicações se destroem?

– Talvez saber ouvir seja uma boa razão.

– Como "saber ouvir"? Todos ouvimos se temos boa audição.

– Não, não é exatamente assim. Ouvimos ou entendemos, quando alguém nos fala, em função de nossa experiência passada ou em razão do estereótipo que formamos dessa pessoa.

Em vez de ouvir o que as pessoas nos dizem, ouvimos apenas o que queremos ouvir, o resto filtramos, isto é, não deixamos passar.

– Uma outra razão é que "ignoramos as comunicações que entram em conflito com o que já conhecemos".

– Como assim?

– Ora, vejamos. Resistimos à mudança, não queremos mudar nossos hábitos, costumes, idéias já arraigadas.

Você notou que tendemos a rejeitar idéias novas, porque conflitam com nossas "velhas e queridas idéias"?

Figura 4.2 *Às vezes nós supervalorizamos as nossas mensagens.*

- Sim, é verdade.
- Quando lemos um jornal, tendemos a notar mais (ou apenas) o que confirmam nossas crenças.
- É, eu gosto de ler os livros que, de certa forma, estão de acordo com o que digo. Faz bem.
- Isso, você não procura (ou não aceita) informações que o levem a questionar o juízo que já formou de alguma coisa. Se você é dono de um fusquinha, gosta de ler notícias que exaltem as qualidades deste carro.
- Outra razão ponderável na distorção da comunicação é o fato de "como avaliamos a fonte emissora".

A ARTE DA COMUNICAÇÃO   53

– Quer dizer, como eu avalio a pessoa que fala comigo?

– Isso. A gente leva muito em conta, no avaliar a comunicação, a pessoa que fala.

– Bem, vejamos um caso. Eu não acredito muito em vendedor. Pra mim, eles estão sempre tentando enganar a gente. É isso.

– Veja como você distorce a comunicação, em função da pessoa que fala, isto é, do emissor. Aquele indivíduo que diz que "não acredita nas mulheres, porque todas são falsas", está distorcendo uma comunicação, em função do emissor. Como ele teve uma experiência não favorável *com uma mulher apenas*, ele usou um juízo de generalização em relação ao emissor.

– Muitas vezes a gente diz ou pensa: "Essa pessoa tem segundas intenções."

– É, você já está filtrando a comunicação, em função do emissor e daí por diante passa a não analisar a mensagem.

– É, isso faz-me lembrar um caso. Estava na casa de um amigo e conversávamos de negócios, quando a esposa disse: "Tenho uma boa idéia sobre esse assunto."

– "Ora", disse o marido, "você não entende nada de negócios".

– Veja que é bastante difícil para nós separarmos o que ouvimos do que sentimos em relação à pessoa que nos fala, isto é, o emissor da mensagem.

– Bem, qual é a outra razão?

– É o chamado "efeito do halo".

– "Halo", o que é isso?

– É aquela auréola que os santos têm ao redor da cabeça.

Quando uma pessoa ganha nossa confiança, colocamos o *Halo* em sua cabeça e acreditamos em tudo que ela diz. Quando fala, julgamos que tudo é correto, pois é uma pessoa tão boa.

– É, mas também pode acontecer o contrário, e a gente não acreditar em nada que a pessoa diga.

– É, também o efeito do halo, só que agora é um halo de espinhos que colocamos na cabeça do indivíduo. Quando não acreditamos em um político, achamos que tudo que diz está errado, é mau.

– Outra causa de distorção de comunicação é originária da forma como percebemos os fatos, as pessoas, os estímulos. Vejamos um exemplo. Um aluno riu na aula. Essa mensagem é interpretada pelos professores:

54 RELAÇÕES HUMANAS

A – Esse cara está me gozando, vou-me entender com ele.

B – Esse está satisfeito, deve ter entendido minha explicação.

C – Esse aluno está rindo; alguém deve ter-lhe contado alguma coisa engraçada.

D – Esse aluno ri à toa. Será que ele tem algum distúrbio de comportamento?

Esses professores perceberam a mensagem – riso – de forma distinta, mais em função deles mesmos do que do emissor. Assim:

A – Tem-se a impressão de que esse professor é inseguro e acredita que toda manifestação do aluno é agressiva e está abalando seu *status*.

B – Esse professor tem uma conotação otimista em relação à pessoa humana e está muito seguro de si.

C – É um professor objetivo que tentou analisar os fatos pelo que a experiência lhe tem ensinado.

D – Essa mensagem pode ser irônica e, portanto, agressiva.

Em uma grande organização, em uma empresa, as dificuldades de percepção aumentam e passam a ser interpretadas por grupo.

– Bem, isso faz-me lembrar de que uma vez, em nosso escritório, o chefe baixou uma circular que deu a maior confusão, cada um interpretava de uma forma. Um dizia, "estou percebendo que o chefe está querendo castigar-nos"; o outro afirmava "acho que ele só quis fazer uma advertência".

– Mais uma razão bem séria da distorção de comunicação é o chamado problema semântico.

– Que é *Semântica*?

– Semântica é a ciência dos significados. Isso quer dizer que as palavras não significam a mesma coisa para as pessoas.

– Está um pouco confuso.

– Bem, vejamos a palavra *operação*. Quando digo *a operação foi realizada*, como essa mensagem foi interpretada?
Médico: a operação cirúrgica.
Contabilista: o negócio foi realizado.
Professor: a soma foi efetuada.
Militar: a batalha foi ganha.

– É, isso é verdade, agora entendi por que razão as mesmas palavras podem sugerir coisas bem diferentes a diferentes pessoas.

– Veja como às vezes as pessoas se desentendem porque estão interpretando de forma diferente as palavras.

– É, faz-me lembrar o que ouvi há dias. A pessoa dizia: "Não admito que ninguém me diga essas coisas com essas palavras."

– Veja que um anúncio, por meio de seus dizeres, pode atingir ou não determinados leitores ou ouvintes.

– Aí entram também a gíria e a linguagem técnica?

– Sim, pois também é linguagem que dificulta a comunicação.

Enfim, outra razão da distorção da comunicação é o efeito da emoção. Quando nos sentimos inseguros, aborrecidos ou receosos, o que ouvimos e vemos parece mais ameaçador do que quando nos sentimos seguros e em paz com o mundo.

– Ah! isso é verdade! O dia que estou com raiva, qualquer coisa, qualquer mensagem me irrita. Interpreto toda mensagem como dirigida contra mim.

– Bloqueios e barreiras à comunicação causam distorções e atormentam a vida das pessoas, em seus relacionamentos.

– Como melhorar nossa comunicação? Como educar-se para uma comunicação mais eficiente?

– Bem, eis outra meta: Treinamento em comunicação.

TREINAMENTO EM COMUNICAÇÃO

Nossas escolas têm gasto muito tempo ensinando Matemática, Ciências Sociais e outros conteúdos a seus alunos e pouco tempo têm dedicado em mostrar a eles como compartilhar sentimentos e pensamentos com os outros. O resultado aí está, a partir da própria escola: um grande grupo de pessoas alienadas, solitárias, ansiosas, nervosas, agressivas, irritadiças, que não sabem como se comunicar efetivamente e que não sabem por que são infelizes.

– *Como melhorar nossa comunicação?*

– Entre outras coisas, uma boa comunicação requer da pessoa:

  a. aprender a melhorar sua transmissão; que palavras, idéias, sentimentos realmente envia a outras pessoas;

  b. aprender a aperfeiçoar sua própria recepção; o que ela percebe das reações emitidas por outra pessoa.

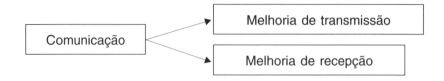

Você pode verificar que o problema de comunicação é um problema de *engenharia do comportamento humano*, já que se trabalha com emissão e recepção.

Dentro da melhoria da emissão e recepção, alguns aspectos devem ser considerados.

Utilização do *Feedback*

– O que é *feedback*?
– É uma palavra inglesa, traduzida por realimentação, que significa "verificar o próprio desempenho e corrigi-lo, se for necessário".
– Como estou agindo? Vocês estão entendendo-me? Estou sendo claro?

Ao obter respostas a essas perguntas, estarei usando o *feedback* (realimentação), isto é, estou verificando meu desempenho por meio da comunicação com outras pessoas e, dentro do possível, modificando-o.

Em nossas conversas, se queremos alimentar nosso diálogo, teremos de estar atentos às pessoas com quem falamos, para verificar se estão ouvindo e entendendo. Caso isso aconteça, continuamos.

O bom professor está sempre interessado na reação de seus alunos, na atenção deles. Se estes parecem confusos, retoma o assunto (realimenta-se) e volta ao início.

No lar, é importante verificar se o *feedback* está funcionando. A esposa está falando de seus trabalhos durante o dia. Depois de alguns momentos, volta-se ao esposo e diz:

– Você está ouvindo-me... parece que está no mundo da lua.

Ela usou um *feedback* agressivo para quem está com a recepção defeituosa e, por isso, não se comunica eficientemente. Talvez sua emissão também esteja com volume muito alto e há muito tempo ligada.

Às vezes, a linguagem não verbal realimenta a pessoa que comunica. Quem está recebendo a mensagem pode expressar corporalmente diversas manifestações de atenção ou desagrado. Um bocejo, o cenho franzido de atenção, o olhar vago e distante, os olhos que se fecham, a expressão de dúvida são indícios significativos para quem quer receber uma mensagem.

Uso Apropriado de Muitos Canais de Comunicação

Podemos começar a compreender a outra pessoa, saber se ela simpatiza conosco ou se é hostil, indiferente, maximizando nossa capacidade de utilizar o *feedback*.

Podemos iniciar pela *observação* do comportamento não verbal do interlocutor, sua postura, seus gestos.

Figura 4.3 *Pela observação descobrem-se comportamentos.*

Um professor pode achar o entusiasmo ou a falta dele em seus alunos.

Pelo tom de voz e postura, um administrador poderá sentir o comportamento de seus subordinados, ainda que a linguagem verbal não esteja confirmando seus pensamentos e sentimentos.

> – Você não acha que esse menino está muito tenso? Olha só como ele parece irritado. Tenho a impressão de que quer dizer alguma coisa para a gente e não se atreve, com medo.

Esse sexto sentido de observação favorece a realimentação da comunicação em termos de *tornar comum* o sentir e pensar de ambos os interlocutores.

Saber Ouvir

Saber ouvir e saber ouvir além das mensagens são qualidades que a pessoa pode desenvolver para facilitar a comunicação.

- Prestou você bem atenção ao que o Agostinho disse?
- O que Dilce quis dizer quando falou que estava cansada?
- Por que Emília ficou em silêncio quando lhe pedi mais explicações?
- Por que Cristina se retirou da reunião quando se discutia justamente esse assunto?

Há um conteúdo *não manifesto* em muitas comunicações (verbais, não verbais, de atitude) que precisamos ter a sensibilidade de entender.

Há um conteúdo informativo, lógico, manifesto numa comunicação e um conteúdo latente, afetivo, emocional, psicológico.

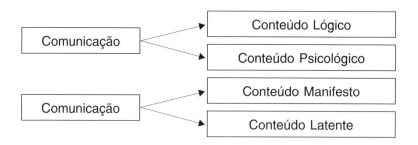

Uso de Comunicação Face a Face

- Olha, não consegui entender essa Circular.

As comunicações face a face são superiores às ordens escritas, às cartas, às circulares, aos anúncios e aos impressos em geral.

Quando estamos comunicando face a face há, ao vivo, oportunidades para perceber além da mensagem, e a inter-relação torna-se mais fácil, completa, envolvente. A voz, as atitudes e as expressões facilitam a realimentação. A voz tem uma gama muito ampla de entonações:

- Puxa! ele deve estar zangado; nunca o vi falar desse jeito.
- Ele está emocionado. Veja, ele está com os olhos umedecidos.
- Mamãe tem alguma coisa, está com uma voz muito para dentro.

A palavra escrita é muito mais agressiva do que uma comunicação a dois, face a face. Uma pessoa poderá rejeitar uma mensagem crítica por escrito e aceitá-la oralmente.

Há diferença entre uma ordem baixada pela direção de uma escola e a conversa do diretor com os alunos, face a face.

No entanto, não quer dizer isso que deva ser abandonada a comunicação por escrito. As duas podem ser combinadas com proveito. Acredita-se que à medida que aumenta a porcentagem de comunicação por escrito, aumenta o distanciamento entre os interlocutores.

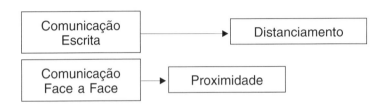

Colocar-se no Mundo do Recebedor

– Você tentou situar-se no mundo deles?

– Como assim?

– Não adianta você estar fazendo uma palestra sobre proteínas e vitaminas, teor calórico etc. a pessoas que não têm o que comer.

– Como deveria fazer para alcançá-los?

– Olha, vejamos um exemplo:

"Se você quiser comunicar-se com um cozinheiro, deverá, como ponto de partida:

1. Ajustar (acomodar) suas observações (princípios) às atitudes e crenças dele. Não adianta você falar em polivalência, hidrato de carbono, conteúdo protéico a quem apenas sabe (e bem) cozinhar.
2. Faça algum apelo às necessidades dele. Pelo entendimento das necessidades você chama os interesses, e isto é importante.
3. Verifique, constantemente, se sua mensagem está sendo recebida (use o *feedback*)."

É difícil a gente entender-se com um ouvinte quando se tenta comunicar alguma coisa que contradiz ou não vai ao encontro daquilo que a pessoa espera, suas expectativas, suas predileções, seus interesses.

– Não sei por que estou ouvindo falar em carro, carburador, platinado, bomba de gasolina, se não tenho carro e não vou tê-lo tão já.

Figura 4.4 *A mensagem deve ser trabalhada, a fim de que se possa alcançar o receptor.*

Você tem de adaptar sua mensagem – se quiser transmiti-la ao vocabulário, aos interesses e aos valores do receptor. Assim, você terá mais condições de comunicar-se.

– Agora estou entendendo meu pai. Ele está falando a linguagem da gente. Puxa, não pensei que fosse tão bacana. Dá gosto ouvir o que ele fala.

Desenvolvendo a Sensitividade

A sensitividade de que falamos antes, também chamada empatia, foi conceituada como a habilidade de se colocar no lugar dos outros e assim compreender melhor o que as outras pessoas sentem e estão procurando dizer-nos.

Teria de desenvolver melhor a minha capacidade de sentir como os outros me sentem. Assim:

– Qual a impressão que estou dando aos outros:

    a. agressivo;

    b. intolerante;

    c. facilitador;

    d. medroso;

    e. tímido;

    f. orgulhoso;

    g. inacessível.

Tente reunir seus familiares, seus colegas de escola, seus alunos (professor), seus subordinados (chefe) e verifique qual o impacto que você causa neles.

Saber Distinguir o Momento Oportuno de a Mensagem Ser Enviada

– Acho que agora os meninos estão prontos para ouvir o que temos que dizer.

– A Regina tem sete anos; agora está pronta e madura para aprender a ler e a escrever.

– Já podemos começar a discutir o vestibular com o Ronaldo; ele vai para o terceiro colegial.

– Vamos conversar com os alunos sobre limpeza, as classes têm aparecido muito sujas.

Essas frases mostram que há um momento oportuno para a comunicação. Não adianta tentar ensinar uma criança de seis meses a andar ou ensinar álgebra a um menino de sete anos.

Uma mensagem tem condições de ser aceita se:

    a. o receptor está motivado para recebê-la;

    b. o momento é oportuno;

    c. outras mensagens não estão interferindo.

Mensagens adiantadas podem ser ignoradas, não ouvidas e até rejeitadas.

No ano que vem vamos instalar o novo refeitório. Começaremos a educar já os operários para que cuidem bem dele. Vamos dar aulas de boas maneiras.

Essa mensagem tem todas as condições de não ser seguida e até rejeitada e distorcida.

As Palavras Devem Ser Reforçadas pela Ação

– Você viu como os alunos vibraram com essa campanha?

– Ora, é claro; foram eles que organizaram, planejaram, fizeram os cartazes, cotizaram-se nas despesas. Tudo é deles, por isso a Campanha de Higiene deu certo.

– E se nós tivéssemos feito palestras, avisos, elaborado cartazes, a mensagem não teria surtido efeito.

As pessoas tendem a aceitar as mensagens sobre mudanças quando elas mesmas participam do processo de mudança.

– Você viu como os meninos trabalharam...

– É, foi porque pedimos que viessem colaborar conosco no plano de economia no lar.

A Mensagem Deve ser Simples, Direta e sem Redundância

A mensagem deve ser direta, clara, simples, sem palavras rebuscadas que o receptor não possa entender. Muitos professores perdem-se na comunicação com os alunos porque têm um vocabulário muito elevado. Isso não quer dizer, no entanto, que nós devamos abastardar a linguagem e só utilizar a gíria na comunicação. Há diferença entre ser simples e ser vulgar.

Não se esqueça, no entanto, que é difícil ser simples e fácil ser difícil.

Há mensagens confusas, recheadas de palavras eruditas e estilo rebuscado que são verdadeiros quebra-cabeças e provocam distorções de comunicação.

É preciso que o emissor (professor, diretor, administrador de empresas, pais, mães etc.) aprenda a medir suas palavras, os termos, os rodeios de linguagem, a terminologia e passe a usar a justa medida.

Quase todos os aspectos das relações humanas e interpessoais envolvem comunicação. Devem ser estabelecidos programas de treinamento para reduzir as incompreensões, desajustamentos, tensionamentos, que tenham como ponto de partida a falta de espontaneidade na comunicação emissor-receptor.

Você viu que a comunicação mais rápida, eficiente, clara e sem distorções acontece entre pessoas como pontos de vista comuns. Quando há confiança, as relações humanas fluem bem.

O problema de comunicação é duplo, pois tanto é da transmissão como da recepção.

PROCEDIMENTOS DE COMUNICAÇÃO

Nós nos comunicamos com os outros não só por meio da palavra falada, como também por meio de:

a. gestos;
b. postura;
c. tom de voz;
d. ritmo de voz;
e. entonação.

Podemos observar em uma comunicação:

– Quem comunica? Com que freqüência? Por quanto tempo?
– Quem comunica a quem?
– Quem fala depois de quem?
– Quem interrompe quem?

Você deve ter verificado que há "elementos faladores" e "elementos silenciosos" em um grupo. Geralmente, os indivíduos que falam pouco queixam-se.

– Ninguém toma conhecimento do que falo; por isso, acho melhor ficar quieto.
– Que cara *destemperado*, não pára um instante. Engoliu uma vitrola.

Há registros de observação em que se anotam quantas vezes os elementos do grupo falam. Assim, levantam-se os *modelos de comunicação*.

– Esse "cara" monopoliza o grupo. Só ele que fala. Ninguém tem vez.

Quem Conversa com Quem

Quando se trata de uma carta, é fácil, pelo próprio endereçamento, saber quem comunica a quem, mas em um grupo, isso se torna mais difícil.

– A quem você está-se dirigindo?
– A quem está dirigindo o olhar?
– A quem está evitando?
– Possui você ouvintes favoritos?
– Gosto de me dirigir ao Laerte, porque concorda com tudo que falo e me dá muita atenção.

64 RELAÇÕES HUMANAS

– É preciso primeiro convencer Péricles, porque ele é que opõe resistência. Ele pode querer acabar com a gente.

Se você é chefe de um departamento, em uma empresa e, na reunião, dirige-se mais a Joel que a Márcio, aquele passará a ter mais *status* que este.

– O chefe tem preferência por Joel. Dá mais valor a ele. Cuidado com a maneira pela qual você se dirige ao Joel.

Quem Fala Depois de Quem

Um dos chamados "jogos de comunicação" muito utilizado com o grupo é o "Sim, mas..."

O jogo "Sim, mas..." caracteriza-se pela atuação daquele interlocutor que entra sempre depois de alguém, questionando. É um jogo de anulação.

– Vamos iniciar a discussão.

– *Sim, mas...* convém esperar o Jorge.

– Esse assunto é de grande importância, poderíamos colocá-lo na pauta já...

– *Sim, mas...* ainda não se analisaram as conseqüências...

Percebe-se o bloqueador que vem sempre após uma determinação já estabelecida. Ele sempre se coloca, chamando a atenção sobre si e desviando o assunto da discussão.

Por outro lado, o chamado *jogo do encorajamento* que também evita o envolvimento na discussão por parte do interlocutor. Chama-se *"Vá em frente"*. *Por qualquer razão, o indivíduo usa essa expressão.*

– Estou sentindo dificuldade em atacar já esse problema...

– Vá em frente... vá em frente...

– Tenho a impressão de que será difícil contornar esse problema, pois me parece que Artur não quer aceitar os termos...

– Vá em frente... vá em frente...

É preciso verificar *se quem fala depois de quem* não está procurando agredir (ou estimular) o interlocutor, servindo-se da comunicação como um meio de defesa, agressão ou reforço.

Quem Interrompe Quem

Você notou que, quando algumas pessoas falam dificilmente são interrompidas pelas outras (ou permitem ser interrompidas).

– Não, deixe-o terminar primeiro. Ele é o chefe.

Acabamos percebendo que o indivíduo que tem *status* ou poder sobre os outros membros não é interrompido e termina impondo seus pensamentos.

– Não... não concordo... assim não...
– Quieto, meu filho, quieto, você não sabe nada da vida.
– Não, menino, não, quantas vezes preciso dizer não. Você não vê que seu professor é quem tem razão?

Isso dificulta o relacionamento no trabalho, porque estabelece *hierarquia de comunicação*.

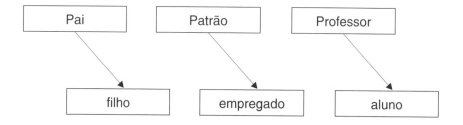

Na comunicação hierárquica, há apenas um canal descendente de comunicação.

Você, por outro lado, já percebeu a maneira como interrompe a comunicação do outro, não o deixando falar. Você acredita que o que tem a falar é muito mais importante do que aquilo que seu interlocutor diz.

Se isso acontecer, convém você ler o Capítulo 5, *Você sabe ouvir?*

Estilo de Comunicação

Qual seu estilo de comunicação? Procure assinalar, no questionário que segue, *sim* ou *não*. Depois, faça uma análise ou peça a um amigo que discuta com você os resultados.

1. Você é desembaraçado? . . . . sim ☐ não ☐
2. Você é questionador? . . . . sim ☐ não ☐
3. Você usa humor na conversação? . . . . sim ☐ não ☐

4. Seu tom de voz é alto demais? . . . . sim ☐ não ☐
5. Você fala com gestos?. . . . . sim ☐ não ☐
6. Você usa trocadilhos com freqüência?. . . . . sim ☐ não ☐
7. Seu tom de voz parece agressivo? . . . . sim ☐ não ☐
8. Você não deixa os outros falarem? . . . . sim ☐ não ☐
9. Você fala muito pouco em conversação?. . . . . sim ☐ não ☐
10. Você sempre interrompe os outros? . . . . sim ☐ não ☐

Talvez não tenhamos oportunidade de verificar nosso comportamento verbal, nosso estilo de comunicação. Os outros, melhor do que nós, poderão observar-nos. Por isso, seria interessante que você pedisse a um amigo que respondesse ao questionário por você e levantasse seu *estilo de comunicação.*

> – Que Deus me livre do Matias, ele ridiculariza todo mundo. Evito falar perto dele.

O trocadilho pode significar pobreza de comunicação e de idéias.

Se você lidera um grupo, ou é professor, tenha cuidado com seu estilo de comunicação. Ele pode afastá-lo do grupo.

EXERCÍCIOS

1. Um gerente de escritório queixa-se ao diretor de pessoal de que todos os seus problemas de relações humanas têm origem em "comunicação deficiente". O diretor de pessoal perguntou ao gerente:

    – Que você entende por comunicação e comunicação deficiente?

    Reúna-se com seu grupo e procure conceituar esses dois termos. Faça um levantamento de opiniões e depois estabeleça o conceito.

2. Há tipos diversos de comunicação que refletem a personalidade do comunicador. Há pessoas que falam usando períodos demasiadamente longos, outras que falam demais, encompridando as frases, outras em que as palavras fluem como torrentes. Há, ainda, aquelas que se expressam por jatos curtos.

    Discuta com seus companheiros de grupo o tipo de comunicação com que cada um se expressa. Discuta com eles.

3. Alguns adolescentes de um grupo de estudantes de nível médio utilizaram um código para estabelecer entre eles uma comunicação reservada. A seguir vai a mensagem. Procure debater com seus colegas o que desejavam os alunos transmitir:

4. A linguagem não verbal é um elemento muito importante na comunicação e no entendimento de mensagens. Procure discutir com seus colegas o que significa ou pode significar:

   a. estalar os dedos;

   b. levantar os ombros;

   c. piscar um olho;

   d. levantar as sobrancelhas;

   e. bater os dedos na mesa;

   f. passar as mãos nos cabelos;

   g. esfregar as mãos.

   Verifique como cada um decodificou a mensagem. Faça confrontos, analise os resultados.

5. Acredita-se que a sociedade tecnológica tem contribuído para um aumento nos bloqueios de comunicação. A comunicação de massas condiciona o indivíduo a receber determinados tipos de mensagens trabalhadas pela televisão, pelo rádio e pela imprensa.

   Baseado nessa afirmação, discuta com seus companheiros de grupo:

   a. como as mensagens de propaganda de cigarro levaram as pessoas a fumar mais;

   b. como se poderia usar a comunicação de grupo – face a face para fortalecer os comportamentos da pessoa humana em contraposição a certos tipos de mensagens de massa?

6. Dizem alguns pedagogos que os chamados testes objetivos poderiam ser um elemento de bloqueio à comunicação, em virtude de a relação aluno-professor estabelecer-se por meio de um X ou muitos XX, eliminando-se um contato face a face pelo qual muito se poderia perceber da comunicação numa prova.

   Se você acha válida a afirmação, discuta com seu grupo como poderia ser reformulado esse tipo de avaliação.

7. O psicólogo Robert Tannenbaum afirma: "Quase todos nos orgulhamos de nossas habilidades em olhar as pessoas de maneira desapaixonada e objetiva. No entanto, as realidades psicológicas são que, cada vez que temos um contato pessoal, formamos impressões favoráveis ou não, as quais influenciam nosso comportamento social. Todos nós temos certo sentimento

positivo ou negativo em nossas experiências interpessoais. Gostamos ou não gostamos, em variados graus, embora nem sempre desejemos ou sejamos capazes de reconhecer nossos verdadeiros sentimentos."

Baseado nessa afirmação, organize com seu grupo o chamado *mapa psicológico* das percepções da classe. Nesse gráfico estão assinaladas as carteiras e em cores com cada colega é percebido, em termos de simpatia ou indiferença.

8. Escreva os bloqueios ou filtragens que dificultam o relacionamento aluno-professor. Peça a cada elemento do grupo que faça o mesmo. Depois discuta com os colegas as coincidências e as distorções na maneira de perceber.

    O mesmo exercício poderá ser realizado com os elementos de uma família.

9. Discuta com seu grupo a afirmação de Ronald Taft:

    "A aptidão para julgar a expressão emocional em outras pessoas aumenta nas crianças com a idade, porém não parece aumentar mais quando atingido o estado adulto e, em empatia, as diferenças de sexo são mínimas, mas pode haver uma ligeira margem a favor das mulheres."

10. Joost A. Merloo diz que há influência das palavras no comportamento das pessoas. Baseado nesta afirmação, trabalhe com o grupo os exercícios a seguir:

    a. Qual o significado de "eu te amo"? Expressa desejo, aspiração, submissão, conquista, entrega, amizade, simpatia ou tem outras conotações?

    b. Peça a cada elemento do grupo que escreva uma palavra para cada uma das seguintes conotações:

    – palavra boa;
    – má;
    – alegre;
    – triste;
    – severa;
    – agressiva;
    – amiga;
    – inimiga.

5 VOCÊ SABE OUVIR?

Ouvir é uma das mais importantes ferramentas de comunicação. Seria natural perguntarmos:

– Você é capaz de repetir o que as outras pessoas lhe disseram?

– Você já ouviu você mesmo?

O certo é que todos ouvimos, mas poucos *ouvem bem*. Poucos aprendem a arte de *entrevistar*.

– O que é uma entrevista? Como ela se caracteriza? Vejamos:

    a. ouvir deliberada e ativamente o outro;

    b. descobrir o que realmente a outra pessoa deseja dizer;

    c. levar a outra pessoa a responder o que perguntamos;

    d. dar a ela uma oportunidade de expressar-se livremente.

A entrevista não acontece apenas em pedido de emprego, mas em qualquer diálogo, na família, na escola ou no trabalho.

Vamos perguntar:

– Quando você está conversando com alguém (aluno, empregado ou filho) você deixa o entrevistado dirigir a conversação?

Se a resposta foi positiva, você está no caminho certo, pois as questões diretas levam a respostas, às vezes, falseadas.

– Foi você quem fez isto?

Esta é uma pergunta direta que perturba o entrevistado e leva-o a mecanismos de defesa.

Quando alguém está diante de um ouvinte receptivo, alivia suas tensões e descarrega sua agressividade.

> – Esse cara é legal. Deixou-me falar. Puxa, me abri. Saí aliviado. Fico mais leve quando alguém me ouve.

Ainda que você não tivesse dado conselhos ou opiniões ou tomado decisões como a pessoa desse diálogo, ela desabafou, porque foi ouvida.

Isso não significa que você não dê opiniões em hipótese alguma. As opiniões ou os conselhos são oportunos quando vêm no momento preciso.

Há algumas normas para o *saber ouvir*.

LEVAR O OUTRO A FALAR

Se fôssemos determinar qual nosso primeiro objetivo na difícil arte de comunicação interpessoal, talvez aparecesse:

> – Deixe o entrevistado falar livremente, não fale o tempo todo.

Quanto menos você fala e mais deixa o outro falar, melhor será o caminho da entrevista.

Se você se auto-analisar, vai verificar que nosso impulso natural é falar mais que o interlocutor, em uma conversação. Isso acontece principalmente quando nos sentimos criticados ou ameaçados. Em vez de ouvir, começamos a defender-nos.

Perguntamos novamente:

> – Está você interessado em ajudar a outra pessoa a falar?

Se a resposta for positiva, você entenderá que ouvir é muito mais que apenas não falar. Você deve perceber que ouvir significa:

a. compreender o outro;
b. estar interessado no que a outra pessoa está dizendo;
c. estar ajudando o outro e comunicar-se mais livremente;
d. estar favorecendo o desbloqueio de inibições à comunicação.

Às vezes, há expressões que ajudam nosso interlocutor a falar, como, por exemplo:

> – Sim... sim...
> – Eu entendo...

- Você tem mais alguma coisa a dizer?
- É isso mesmo que você quis dizer?
- Você pensou bem no assunto?
- É isso mesmo que você deseja?
- Você está certo do que pretende fazer?

O silêncio é também uma ferramenta de comunicação para com o entrevistado. Você já verificou seus importantes momentos de silêncio?

Analise seus silêncios

Quando você pára de falar e olha para seu interlocutor, deu a ele a oportunidade de retomar o diálogo. Isso é chamado *pausa*.

- O que significa *pausa na conversação*?
    1 – Você deu uma oportunidade ao interlocutor para falar.
    2 – Você deseja seu comentário.
    3 – Você terá a oportunidade de avaliar o que ele está dizendo.
    4 – Você está levando seu interlocutor a aprender a ouvir.

Muitos casamentos terminaram porque nenhum dos cônjuges sabe ouvir. Ambos sabem apenas falar. Falam muito e desconhecem o silêncio e as pausas, como elementos de harmonia.

Pouco silêncio

Dificuldades no casamento

RECAPITULAÇÃO

Você pode levar outra pessoa a falar, se você der um *feedback* de que está ouvindo o que ela disse, ou, em outras palavras, resumir seus pensamentos, os fatos que abordou, ou entender seus sentimentos.

Você poderia dizer:

- Se não me engano, você ficou muito emocionada quando seu marido lhe mostrou indiferença?
- Você quis dizer que...
- Você está sensibilizado, porque...

Qual a impressão que você dá ao entrevistado, quando age assim, estimulando a pessoa a continuar a falar? Certamente seus objetivos são:

a. mostrar que você compreende a pessoa;

b. mostrar que você leva em consideração seus sentimentos e entendeu seus pensamentos;

c. mostrar que você tem consideração e estima por ela;

d. levar o interlocutor a perceber que, se você não entendeu o que ela disse, deu-lhe nova oportunidade para expor idéias;

e. recompensar o indivíduo por sua expressão verbal e levá-lo a agir mais eficientemente, pelo reforço.

No entanto, não procure incluir, em suas *recapitulações*, palavras, expressões ou idéias que o interlocutor não disse a você, mas que você gostaria de dizer a ele. Isso pode magoá-lo, afugentá-lo ou fazê-lo perder a confiança em você.

Por outro lado, se lhe convier, você poderá participar da conversa, evitando dar aprovação ou desaprovação.

Se você estiver ouvindo um aluno e ele lhe diz:

– Seria capaz de dar um soco na cara do meu pai...

Você teria duas alternativas de resposta:

1 – Realmente é o que você deveria ter feito.

2 – Você está realmente irritado com seu pai.

No primeiro caso, você está induzindo o aluno à agressão, na segunda resposta você ouve o que ele diz e interpreta sua irritação.

BALÃO DE PESQUISA

Você poderá lançar "balões de pesquisa" na "atmosfera" da comunicação, a fim de cientificar-se melhor do que o entrevistado (ou interlocutor) deseja falar.

Aí é importante que você acompanhe o raciocínio de seu interlocutor para saber o ponto crítico de sua abordagem. Quais são seus pontos vulneráveis que devem ser tratados mais detidamente.

– Bem, você disse que seu marido tem-se mostrado indiferente. É isso mesmo? Quer-me falar mais a respeito?

Você está interessado em ouvir a pessoa a respeito desse evento perturbador, com mais profundidade. Você sentiu que esse fato é que está perturbando o entrevistado ou seu parceiro de comunicação. Poderá então dirigir a conversação para esse ângulo, sobre o qual ele desejaria demorar-se mais.

LEVE O OUTRO A DECIDIR

Você, à medida que vai inteirando-se da arte de ouvir, irá acumulando conhecimentos sobre a pessoa humana e interagindo com mais espontaneidade.

Conseguiu enxergar quais os fatos essenciais que preocupam seu interlocutor, como ele os vê.

Figura 5.1 *Aprenda a ver com os olhos do outro*.

Aprenda a ver com os olhos dos outros

Agora você deve ajudá-lo a encontrar a melhor solução para seus problemas. Lembre-se de que é a própria pessoa que resolve ou deve resolver os próprios problemas. Você poderá apenas ajudá-la a encontrar a melhor solução.

– Você já tentou analisar a razão por que seu marido lhe é indiferente? Você já verificou se sua atuação tem contribuído para isso? Se você estivesse em lugar dele, quais as razões que daria para ser indiferente?

Quando você ajuda alguém a encontrar a solução, torna-o responsável pela solução que propõe. Assim, ele aceita a solução com mais entusiasmo e segurança.

De maneira geral, uma conversa entre duas pessoas é também uma entrevista. Há três estágios em uma entrevista que o bom ouvinte deve conhecer:

1. **Sentimentos**. Nesta primeira etapa da conversa ou entrevista, o indivíduo pretende aliviar suas tensões. É o momento emocional. Se você for bom ouvinte, deixe o outro falar livremente.

– Não agüento mais de ódio daquele cara!

– Ai, eu mato aquele professor...

– Hoje eu gostaria de estrangular meu chefe.

– Ai, que amor de cara, não resisto...

2. **Fatos**. Depois que o indivíduo aliviou, descarregando suas emoções contidas, estará pronto para pensar em termos lógicos. Aqui, o entrevistador, que apenas ouviu na primeira fase, poderá intercomunicar-se com a outra pessoa, utilizando os recursos de comunicação – recapitulação, balão de pesquisa e outras.

– Bem, agora que você desabafou, vamos conversar como dois adultos...

Aqui começam a surgir as informações mais importantes para o diálogo.

3. **Soluções**. Uma vez que as emoções tenham sido descarregadas e as informações foram colhidas, surge a ocasião para ponderar as alternativas de solução para o problema.

Você, se for um bom ouvinte e entrevistador, não deve precipitar-se na solução de problemas, antes que seu entrevistado tenha passado por essas fases. Não queira colocar os carros diante dos bois e pretender dar a solução antes do tempo. Espere os fatos amadurecerem.

Lembre-se de que uma pessoa dominada por sentimentos acaba vendo tudo vermelho ou tingido de cores fortes. Nesse momento não adianta você tentar conversar racionalmente com ela.

Não se esqueça de que você também pode envolver-se emocionalmente ou simpaticamente com os problemas ou as cores do afeto de seu entrevistado e passar a enxergar menos do que deve.

Figura 5.2   *Cuidado com o colorido das emoções*.

Cuidado com o colorido das emoções

– Olha, não agüento mais esse menino. Ou você dá um jeito nele ou me retiro desta escola para sempre. É horrível...

– ...

– ...é um pilantra, um criminoso, tumultuou toda a classe. Fez isso só para me ferir...

– ...

– ...não agüento mais, não agüento mais, é um bandido, um pilantra, um debilóide...

EXERCÍCIOS

1. A maioria das pessoas tem um modo característico pelo qual equilibram seus períodos de falar e ouvir. Quando estão falando, desejam que a outra pessoa fique quieta e não as interrompa. Quando terminam, acham desconfortável esperar por uma resposta.

    Combine com seu grupo ou pessoas com as quais convive e peça-lhes que o analisem em termos de:
    a. períodos de expressão – lento, médio, curto;
    b. períodos de pausa – lento, médio, curto.

    Discutam os resultados.

2. Há um exercício chamado "Mister Eco". Consiste em testar sua capacidade de ouvir. Combine com um colega para fazer parceria com você.

    O exercício é o seguinte:
    a. quando seu colega fala, antes de você responder, deverá resumir o que ele falou e reproduzir o diálogo;
    b. depois você responde a seu interlocutor;
    c. seu colega resume o que você falou e assim por diante, durante cinco ou 10 minutos.

    Se houver discordância entre o que vocês disseram e os resumos, discutam o *saber ouvir*.

3. Faça um círculo com seu grupo (ou com sua família) e no centro coloque duas pessoas (poderão ser inicialmente você e um colega). Inicie uma entrevista, segundo a orientação do exercício anterior – *você sabe ouvir*.

    Os demais devem observar e discutir os resultados ao final. Passe todos pelo centro.

4. Acham alguns comunicólogos que, antes de iniciar uma entrevista, se deve levar o entrevistado a sentir-se à vontade, falando-se de pescaria, futebol, trânsito e outros. A experiência tem provado que este processo é inútil e improdutivo. No entanto, em alguns casos, é válido para reduzir a ansiedade desde que seja rápido.

    Você faz isso com seus amigos, pais, filhos, esposa?

    Tem dado resultados?

    Discuta com seu grupo esse assunto.

5. Quando você critica ou moraliza alguém, logo no início da conversa, você coloca o entrevistado na defensiva. O entrevistado agride ou conforma-se com o entrevistador, não se mostrando espontâneo.

Monte, com o seu grupo, um diálogo com esse assunto, tendo por personagens:

a. pai-filho;
b. esposa-esposo;
c. professor-aluno;
d. supervisor-empregado.

6. Há uma tendência a argumentar com o interlocutor, fazendo valer nosso ponto de vista. Tendemos a retrucar emocionalmente, quando percebemos que estamos com a razão e o interlocutor não.

   Monte, com seus colegas, uma cena ocorrida numa escola, em que esse processo ocorra. Depois, faça o mesmo com um episódio em família.

7. Analise com seu grupo o diálogo a seguir, entre um conselheiro e um aluno.

   – Professor, eu não estava colando.
   – Ora, você estava dando vazão a seu complexo de culpa.
   – Como?
   – Bem, como você não estudou, usou mecanismos inconscientes de defesa.
   – Mas eu não estava colando... Não tenho culpa.
   – Como sua imago materna estava influindo em você, punindo-o, você se rebelou colando.
   – Ah! É isso. Então a culpa é da minha mãe?
   – É.

8. Acredita-se que, em casos difíceis, a gente procura conselhos de muitas pessoas e acaba ouvindo apenas aquele que vai ao encontro do que realmente desejaríamos fazer. Acabamos seguindo o conselho que daríamos a nós mesmos.

   – Discuta com seus colegas a validade do conselho.

9. A experiência tem comprovado que o administrador deve ter o cuidado de não dar conselho a seus empregados e não assumir a responsabilidade de dirigir a vida particular deles. Isso pode levá-lo a transformar-se em um muro de lamentações.

   – Discuta essa opinião com seus colegas. Isso é válido também para o professor em relação a seus alunos e pelos pais em relação aos filhos.

10. Se você realmente sabe ouvir, resuma aqui o conteúdo da última conversa que você teve em sua casa ou no trabalho. Confira seu resumo com o de seu interlocutor.

6 OS ESTADOS DO EU E AS RELAÇÕES HUMANAS

A chamada Psicologia Transacional ou Análise Transacional vem estudando o comportamento humano em função da comunicação da pessoa consigo mesma e em relação aos outros.

Faz uma análise das *trans-ações*, isto é, das *ações* (comportamentos, atitudes) por meio das quais (*trans*) a pessoa atua no meio onde vive.

A Psicologia Transacional estuda os estados do Eu, como a pessoa emprega seu tempo, os jogos psicológicos, o estilo de vida de cada um, as posições que o indivíduo assume no relacionamento interpessoal e seu argumento de vida.

A análise dos estados do Eu pode ajudar-nos a melhorar o nosso relacionamento humano e a entender os outros e a nós mesmos.

- O que são *estados do Eu*?
- São comportamentos que exibimos em nosso relacionamento e compõem a estrutura de nossa personalidade.

Em uma situação de relacionamento com o outro, cada indivíduo exibirá um estado do Eu. Assim:

Estado do Eu – PAIS

Estado do Eu – ADULTO

Estado do Eu – CRIANÇA

– Meu filho, você precisa dormir cedo – Estado do Eu – PAIS

– Vamos ver. Se esta peça for colocada aqui, o aparelho funciona.

– Estado do Eu – ADULTO

– Oba! Oba! Vamos rir, minha gente! – Estado do Eu – CRIANÇA

No estado do Eu – PAIS estão:

– as ordens
– as recriminações
– as tradições
– os conselhos
– as admoestações
– os preconceitos

e foram adquiridos por meio das mensagens paternas (pais, mães, tios, avós e pessoas mais velhas). Repetem, no comportamento, os PAIS.

No estado do Eu – ADULTO estão:

– a realidade corrente
– a coleta objetiva de dados
– a computação de informações
– a organização
– a adaptação à realidade
– a avaliação dos fatos
– a análise dos dados da realidade

e foram adquiridas por meio da assimilação, retenção e análise dos dados, como um ato inteligente.

No estado do Eu – CRIANÇA estão:

– os impulsos
– as emoções
– sentimentos naturais
– criatividade
– comportamento espontâneo
– comportamento infantil

e contêm as recordações de suas experiências antigas, de quando você foi criança, de como reagia às solicitações do meio, o comportamento que assumiu: se chorava sem motivo, se se irritava, fazia muchocho, ria sem razão etc.

80 RELAÇÕES HUMANAS

Figura 6.1 *O Estado do Eu – PAIS*.

ESTADO DO EU – PAIS

Os pais servem de modelo e suas imagens são impressas no cérebro da criança. Assim o estado do Eu – PAIS é incorporado no comportamento da pessoa que passa a agir, como faria seu pai ou sua mãe.

Às vezes nos convém a máscara do pai, numa atitude; outras vezes, assumimos a máscara que a mãe nos legou de herança.

Comportamo-nos como nossos pais se comportavam: educando, moralizando, acariciando, ignorando, agredindo etc.

Fala-se PAIS e não PAI, porque o estado do Eu corresponde ao pai, à mãe, aos avós, aos tios, enfim a todos os adultos que tiveram influência na formação desse estado.

Adulto não se relaciona com a idade da pessoa. Aos 10 meses de idade, o Adulto já pode estar atuando, computando dados.

Os estados do Eu são representados graficamente por um círculo com as letras maiúsculas P (PAIS), A (ADULTO) e C (CRIANÇA).

PAC forma os três estados.

Diagrama Estrutural

Figura 6.2 *Os três estados do Eu – PAIS (P), ADULTO (A) e CRIANÇA (C)*.

É preciso reconhecer os três estados do Eu – PAIS (P), ADULTO (A), CRIANÇA (C).

Esses três componentes do comportamento da pessoa são modos de ser, de pensar, de sentir e de agir.

Um estado do Eu pode descrever-se como um sistema coerente de sentimentos e, operacionalmente, como uma série coerente de comportamentos.

EXPRESSÕES DO EU – PAIS

No estado do Eu – PAIS, uma expressão muito comum é:

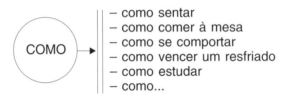

O estado do Eu – PAIS corresponde ao videoteipe dos comportamentos dos pais e verificamos, às vezes, que estamos agindo como fizeram nosso pai e nossa mãe, usando as mesmas expressões, o mesmo vocabulário, as mesmas crendices.

Em nossa fita gravada do PAIS, duas funções são importantes:

> 1ª Registro dos comportamentos do pai e da mãe
> e
> modelo de ação para agir.

> 2ª Reação imediata a um estímulo,
> pois não preciso estudar de novo
> a reação que já aprendi, quando criança.

Você conhece uma pessoa que está quase sempre no estado do Eu – PAIS por expressões como:

SEMPRE
        NUNCA
               DEVIA
                      NÃO PODE

ou pelas expressões: ridículo; estúpido; preguiçoso; tolo; não e não; como se atreve?; ou por *indícios físicos*, como: mãos nos quadris, braços cruzados ao peito, cenho franzido, dedo acusador em riste, queixo erguido, nariz em proa, socos na mesa e outros.

Figura 6.3   *Expressões do comportamento Eu – PAIS*.

O comportamento Eu – PAIS é reconhecido por expressões como: Sempre, Nunca, Cuidado, Não Deve.

Há, por outro lado, atitudes e comportamentos não verbais que podem identificar o estado do Eu – PAIS, dentro de suas funções de educar, proteger, moralizar, dirigir, controlar e servir como modelo.

– Eu *sempre* lhe disse que isso não dava certo.
– *Nunca* acredite em estranhos.
– Você *deveria* ter feito como lhe disse, *teria* evitado dissabores.

- *Ridículo, como se atreve* a duvidar da minha palavra?
- Vamos acabar com isso *de uma vez por todas*.
- *Enquanto eu for vivo*, ninguém nesta casa usa cabelo comprido. *Tá falado*!
- *Nunca* acredite em pessoas de cabelo de fogo.
- *Não se pode confiar* nesses meninos de hoje.
- Meu Deus! Que *coisa horrível*!
- Já disse um milhão de vezes: *não e não*! *Está acabado, não se conversa mais*!

Quando nosso gravador mental registra os acontecimentos, a fita tem duas trilhas:

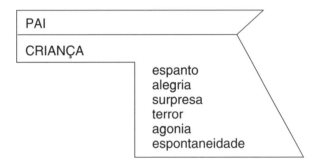

Há duas formas de agir da criança –

Natural adaptada

A criança natural é a própria criança, espontânea, criativa, ingênua.

A criança adaptada é aquela que se comporta como o pai e a mãe queriam, de maneira submissa, retraída ou com modos precoces.

EXPRESSÕES DO EU – CRIANÇA

Você conhece a pessoa que está quase sempre no estado do Eu – CRIANÇA, pelo uso de diminutivos e superlativos e pelas expressões:

- Por quê?
- Onde?
- Eu quero!

- Eu não me importo!
- Eu nem ligo.
- Ótimo!
- O máximo!
- Legal!
- Taí, bicho.
- Quando eu crescer...
- Bacana!
- Ninguém vai obrigar-me a engolir *essa água fedida*!
- *Eu quero, quero e quero.*
- *Sensacional, super, super...*
- *É o máximo, viva, viva...*
- *Ai*! *que medo*, será que ele morde?
- *Oba*! *Vou passar por cima daquele murinho*!
- *Sim senhora*... a senhora tem razão, *sim senhora*!
- *Não faço, não faço e não faço.*
- *Nossa*! *Que bárbaro*! Será que sempre vai ser assim?
- Se você não parar, *eu choro, choro e choro.*
- Que menino bonito, *bilu, bilu, dodoizinho da neneca.*
- Por que que a água é sempre molhada?
- Onde a lua se esconde de dia?

Os indícios físicos da criança são:

- Lágrimas, explosões emocionais, birra, encolher de ombros, risos zombeteiros, roer unhas, tiques, "beicinho", irrequietitude e outros.

Estado do Eu – CRIANÇA

Acumulamos, dentro de nosso cérebro, gravações da forma pela qual sentimos nossos próprios impulsos infantis, como vimos o mundo como crianças. Aí estão nossas emoções vivas, as experiências, as riquezas da espontaneidade.

Quando alguém reage, como fazia na infância – brigando, chorando, rindo, manipulando egoisticamente –, dizemos que está atuando com seu estado do Eu – CRIANÇA.

Cada pessoa foi mais jovem do que agora o é e leva em seu interior fixações de seus primeiros anos que podem ser ativadas em certas circunstâncias.

Figura 6.4 *Estado do Eu – CRIANÇA.*

EXPRESSÕES DO EU – ADULTO

O estado ADULTO não julga. Ele trabalha com os fatos.
Tem conhecimento do PAIS e é mediador entre este e a CRIANÇA.

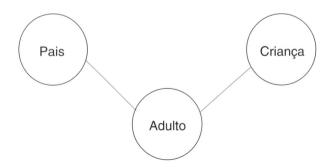

- Quais as decisões que adota uma pessoa?
- Como utiliza os dados disponíveis?
- Quais as informações que tem?
- Como trabalha com suas emoções?
- Reage, depois de analisar?
- Sabe quando brincar e tornar-se sério?

A resposta a essas perguntas daria os indícios do estado ADULTO.

Figura 6.5 *Estado do Eu – ADULTO*.

Nesse estado, o indivíduo usa muitas expressões:
- O quê?
- Por quê?
- Os fatos...

- Analisando...
- Tenho a impressão de que...
- O objetivo...
- Eu entendo que...
- Quanto?
- De que modo?
- É válido.
- Você tem provas?
- Eu entendo que...

Estado do Eu – ADULTO

O Estado do Eu – ADULTO é utilizado para colher informações, coletar dados, armazenar referências, transformar estímulos em peças de informação, separar o fato da fantasia, relacionar os dados e saber aproveitar a experiência passada.

O estado do Eu – ADULTO é um computador a colher, registrar, avaliar e comparar informações.

O ADULTO é o que pensa objetivamente e computa as probabilidades que são essenciais para tratar efetivamente com um mundo adverso.

Figura 6.6 *A criança já muito cedo começa a computar os dados de informação que formam o ADULTO incipiente.*

A criança, já muito cedo, começa a computar os dados de informação que formam seu ADULTO incipiente.

Segundo alguns transacionalistas, o estado do Eu – ADULTO e o desenvolvimento motor, cognitivo, emocional e social começam a aparecer concomitantemente por volta dos 10 meses.

PAIS – ADULTO – CRIANÇA SIMULTANEAMENTE

Há ocasiões em que estamos no estado do Eu – PAIS, há outras em que estamos no estado ADULTO e também, há momentos do estado CRIANÇA.

Às vezes, em poucos instantes, passamos pelos três estados.

As circunstâncias exigem ora o estado PAIS, ora o estado ADULTO, ora o estado CRIANÇA.

Numa festa, num baile, numa brincadeira, num passeio, no amor, no sexo, o estado CRIANÇA é o que mais convém.

Numa reunião, num debate, no estudo, na análise de fatos, convém mais o estado ADULTO.

Numa emergência, em muitos aspectos da educação, na transmissão de conhecimentos, aparece mais vezes, e com vantagem, o estado do Eu – PAIS.

A *CRIANÇA sente* (intui) o que a agrada e a desagrada e pelo sentimento decide.

O *ADULTO pensa* (reflete) o que lhe convém e pelo pensamento decide.

O *PAIS* julga moralmente o bem e o mal dessas decisões e o que teriam feito nossos pais em tais circunstâncias.

A nossa CRIANÇA sente a música, as artes, o ADULTO executa e o PAIS julga.

O *PAIS*, em sua linguagem, usa de preferência:

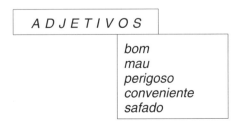

Figura 6.7 *Nosso comportamento CRIANÇA aflora sob clima de tensão.*

Nas situações difíceis, nos momentos críticos, sob clima de tensão, nosso comportamento CRIANÇA aflora, em toda sua plenitude.

– Dr., não vai doer, não? Tenho pavor de injeções e de dentista.

O *ADULTO*, em sua linguagem, usa de preferência:

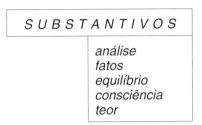

A *CRIANÇA*, em sua linguagem, usa de preferência:

Às vezes, dois estados do Eu estão agindo simultaneamente, sem que o indivíduo disso se aperceba.

Assim:

1. Um ADULTO fala, conversa com outros e sua CRIANÇA rói as unhas.
2. Um conferencista expõe os planos (ADULTO) e sua CRIANÇA bate os pés.
3. A CRIANÇA de um cidadão quer dizer alguma coisa a uma moça muito bonita e seu PAIS proíbe.
4. O PAIS deseja criticar alguns adolescentes na rua e seu ADULTO o detém.
5. A CRIANÇA deseja brigar (agredir) o garção e o ADULTO a controla.
6. A CRIANÇA deseja tocar uma campainha e fugir, mas seu PAIS o censura.
7. O aluno deseja responder agressivamente (CRIANÇA) ao professor, mas acaba concordando com ele (ADULTO).
8. O adolescente deseja passar no sinal vermelho (CRIANÇA), mas seu PAIS diz-lhe que tenha calma.

9. Duas pessoas estão discutindo. O indivíduo deseja intervir na briga (ADULTO) para apaziguar, mas seu PAIS diz:
   – Minhoca sabida não põe a cabeça em galinheiro.
10. Tenho vontade de ensinar um problema a meu filho (PAIS), mas contenho-me para que ele aprenda sozinho (ADULTO).

Figura 6.8 *O PAIS protetor*.

O PAIS protetor trata de resolver todos os problemas alheios, superprotegendo e dando carícias positivas. Seu mecanismo básico é a gratificação.

O Estado do Eu – PAIS e suas Subdivisões

Nossos PAIS mais próximos, o *pai* e a *mãe* (há outros como os avós, os tios, as babás, os professores) também agem com seu PAIS, seu ADULTO ou sua

CRIANÇA. Isso quer dizer que, às vezes, o comportamento de uma pessoa poderá estar identificado com o ADULTO do pai, a CRIANÇA da mãe ou ainda a CRIANÇA da empregada doméstica ou o ADULTO do tio.

Isso poderia ser representado assim:

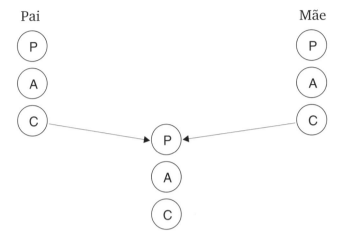

Essa pessoa foi influenciada, em seu comportamento, pelo ADULTO do pai e pela CRIANÇA da mãe.

A influência acentuada do PAIS (pai-mãe) sobre o PAIS da pessoa dá-lhe um comportamento cheio de preconceitos, de crítica. Apesar disso, é ele responsável pela assimilação da cultura, das tradições, da religião, da moral e de todo um roteiro cultural.

Por outro lado, impõe, julga, moraliza, institui o que é correto e o que "não se deve fazer".

O chamado PAIS CRÍTICO é fácil de ser identificado em comportamentos não verbais, como em atitudes típicas e comunicações verbais. Assim:

Esposa: Meu bem, você não tem jeito. Quantas vezes preciso dizer-lhe que você não deve tomar café à noite? Depois, é aquela história... não tem jeito mesmo.

Professor: Já lhe disse, seu teimoso. Você não quer mesmo estudar. Esse mundo de hoje está perdido.

Chefe: Clarice, você não dá mesmo para secretária. Olha só essa cópia datilografada. Tem dois erros de ortografia. Mulher é para cozinha, mesmo.

Namorada: Você é incapaz de me fazer um carinho. Estou cansada de alisá-lo.

Menino: Mamãe, olha só esses moleques; estão todos descalços, na rua.

Aluno: Qual! esse *cara* não dá para professor. Imagine, usando gravata ainda...

Os pais, em geral, são protetores, amam seus filhos, sacrificam-se por eles, protegem-nos e até superprotegem-nos.

Essa parte do PAIS, que atua protegendo, ensinando, orientando, dando carícias positivas, atua por influência do ADULTO do Pais. O mecanismo básico desse comportamento é a *gratificação*.

Essa parte do PAIS denomina-se Pais *protetor, nutritivo, solícito*.

Esse comportamento é facilmente observado em expressões como:

- Coitado, deixa que eu o ajude.
- Sempre só, ninguém lhe faz companhia?
- Posso dar uma mãozinha...
- Ora, deixa disso, não se preocupe, essas coisas acontecem.
- Deixe, o "papai" está aqui para isso, para ajudar os amigos.
- Professor, o senhor quer que eu o ajude a carregar as pastas?
- Você está sentindo-se bem? Quer um comprimido?
- Cuidado! Não ande por essas ruas...
- Antes de comer qualquer fruta, você deve lavá-la.
- Não beba essa água; não é filtrada.
- Não confie muito em propaganda. Elas são falsas.
- Onde é que dói. Deixa que faço uma massagem.
- Chefe, o senhor está pálido. Está doente? Aconteceu alguma coisa? Quer que o ajude?
- Vai chover. Leve o guarda-chuva.
- Não pise o chão sem calçado. O piso está frio.
- Você está muito cansado. Espere aí que lhe faço um café bem quentinho.
- Vem cá. Ponha sua cabeça no meu ombro.

A CRIANÇA do PAIS transmite temores, proibições, culpas, depressão, confusão. São os processos, às vezes, de medos e fobias transmitidos da CRIANÇA do PAIS. Assim:

- Tenho medo de trovão, como minha mãe.
- Em casa ninguém dorme de luz apagada. Com meu pai já era assim.
- Sou como minha mãe. Tenho horror de barata.
- Sou como meu pai, tenho ódio de criança.
- Saí igualzinha a minha mãe, não tolero ajuntamento de pessoas.
- Tenho alergia por pobres, sou como meu pai.
- Arrepio-me só de pensar em dentista, aliás como meu pai e minha mãe.

Esse estado do Eu é conhecido também com o nome de Bruxa ou Bicho-papão.

A criança adaptada do Pai e da Mãe (PAIS), chamada de Bruxa ou Bicho-papão, transmite à criança as proibições, os temores, os estados de ansiedade, depressão, culpa e outros estados emocionais.

É interessante notar como a Bruxa transmite modismos e comportamentos, comprovando-se, outrossim, que os filhos repetem os medos e fobias dos pais.

Este estado do Eu (Bruxa) possui uma extraordinária capacidade para enfermar psicologicamente os filhos, em mensagens verbais e não verbais.

Figura 6.9   *A criança adaptada do Pai e da Mãe (PAIS), chamada de Bruxa ou Bicho-papão.*

O Estado do Eu – CRIANÇA e suas Subdivisões

O estado do Eu – CRIANÇA poderá exibir seu comportamento de diversas formas, como:

Uma Criança Natural
Uma Criança Adulta
Uma Criança Pais

Poder-se-ia representar esses estados assim:

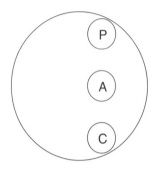

PAIS na Criança – Criança Adaptada

ADULTO na Criança – Pequeno Professor

CRIANÇA na Criança – Criança Natural

Desde que nasce, a criança vai sendo orientada, adaptada para viver em sociedade. Vai sendo programada para cumprir o seu *script*.

Essa adaptação manifesta-se, no comportamento, de duas formas:

a. conduta submissa;
b. conduta rebelde.

A Criança Submissa foi programada para obedecer sem protestar, geralmente manejada pela culpa ou pelo temor.

A Criança Rebelde é agressiva, teimosa, opositora.

Ambas foram programadas para receber carícias (estímulos); a submissa está pronta para receber estímulos positivos e a rebelde, negativos.

O chamado Pequeno Professor é uma parte do estado do Eu – CRIANÇA que tem uma natureza – intuitiva, criativa, manipuladora, astuta, viva e curiosa.

O Pequeno Professor é o ADULTO da Criança e, por meio dele, as crianças captam de modo intuitivo e empático as emoções e atitudes das pessoas.

Quando avançamos em idade, nosso Pequeno Professor continua ativo em nossas intuições. Quando tentamos manipular os outros, quando elaboramos fantasias, quando criamos, quando tentamos ser um super-homem, quando nos entregamos aos poderes da magia, estamos atuando com nosso sempre presente PEQUENO PROFESSOR.

Figura 6.10 *O Pequeno Professor é uma parte do Estado Eu – CRIANÇA.*

EXERCÍCIOS

1. Divida seu grupo em três subgrupos, dos quais um seja o PAI, o outro o ADULTO e o terceiro a CRIANÇA. Proponha um problema e peça a cada grupo que se comporte no estado do Eu respectivo.

    Sugestões de problemas:
    a. Eu vou comprar um carro.
    b. Eu sou solteiro. Vou casar-me com uma moça do interior. Meus pais não a conhecem.

98   RELAÇÕES HUMANAS

    c. A mocidade de hoje...

    d. Eu apanhei um aluno colando.

    e. O diretor programou reuniões aos domingos pela manhã.

2. Proponha uma situação aos grupos – PAI, ADULTO, CRIANÇA – e peça-lhes que representem a situação (teatralizando, em desempenho de papéis – *role-playing*).

    Sugestões de assuntos:

    a. As dificuldades do trânsito.

    b. Problemas de nossa escola.

    c. O mundo agressivo de hoje.

    d. Numa reunião de pais e mestres.

    e. O problema ecológico do mundo moderno.

3. O estado do Eu – CRIANÇA poderá englobar os seguintes aspectos da personalidade: intuição, impulso criativo, amor, ódio, prazer, desejo de aventura, dependência, devaneios, alegria exuberante, tristeza constante. Faça uma descrição de sua CRIANÇA. Leia-a ao grupo e verifique se os elementos do grupo concordam com sua descrição.

    Procure situar-se no gráfico a seguir:

TRAÇOS	PORCENTAGEM										
	100	90	80	70	60	50	40	30	20	10	0
Sedutora											
Egocêntrica											
Auto-indulgente											
Exigente											
Agressiva											
Submissa											
Impulsiva											
Temerosa											
Criativa											
Graciosa											
Bem humorada											

4. Reúna-se com seu grupo e proponha o *Jogo dos Estados do Eu*. Cada elemento do grupo deverá ser, por instantes, o PAI, o ADULTO ou a CRIANÇA. Assuntos são propostos e há um coordenador que de instante a instante dirá: "mudança de papéis". Assuntos: escola, trânsito, política, futebol, casamento, trabalho e outros.

5. O estado do Eu – PAI (ou PAIS) contém mensagens críticas. Escreva as mensagens críticas que você tem ouvido em seu trabalho que lembrem esse estado do EU. Faça uma relação e discuta com seu grupo. Faça o mesmo com as mensagens do PAI CRÍTICO no lar e na escola.

6. O Estado do Eu – PAI tem também mensagens alentadoras, compreensivas (PAI PROTETOR). Escreva uma relação de mensagens protetoras que você tem ouvido no lar, no trabalho e na escola.

   Discuta com seus colegas.

7. Faça uma relação de expressões que são representativas do estado do Eu – PAI, em sua escola, em sua empresa ou em seu lar. Discuta com o grupo e, se possível, represente.

8. Relacione uma lista de gestos, expressões faciais, tiques e comportamentos que são característicos do estado do Eu – CRIANÇA. Represente com seus colegas.

9. Faça uma relação de comportamentos, atitudes que são típicos do comportamento ADULTO. Discuta com seus colegas e represente-os.

10. Podemos descrever nossos estados do Eu, mediante um gráfico chamado EGOGRAMA. Nesse gráfico procuramos localizar nossa atuação em cada um dos estados do Eu. Essa atuação poderá ser, levando-se em consideração distintos ambientes: no lar, na escola, na empresa, em relação com as pessoas amigas. Faça o exercício, a partir da seguinte orientação.

    a. Preencha o EGOGRAMA da maneira como você pensa que atua, nos diferentes estados do Eu, em termos de porcentagem. Assim:
    Sou 10% PAI CRÍTICO
    Sou 30% ADULTO
    . . . . (e assim por diante).

    b. Peça a seus companheiros de grupo que analisem sua atuação, levantando seu EGOGRAMA.

    c. Faça um confronto de seu EGOGRAMA e do EGOGRAMA coletivo, isto é, dos outros em relação a você.

EGOGRAMA

%	CA	CN	P. Prof.	A	PC	PP
100						
90						
80						
70						
60						
50						
40						
30						
20						
10						
0						

Abreviações: % – Porcentagem, CA – Criança Adaptada, CN – Criança Natural, P. Prof. – Pequeno Professor, A – Adulto, PC – Pai Crítico, PP – Pai Protetor.

7 COLECIONANDO FIGURINHAS E TROCANDO SELOS

A criança é capaz de expressar os sentimentos de amor, raiva, medo, inadequação e outros, de maneira natural e espontânea.

No início de sua vida, reage naturalmente com comportamentos típicos:

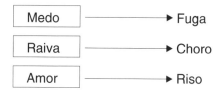

As crianças, no entanto, vão aprendendo sentimentos sociais e adaptados. Assim:

– fugir da dor.
– procurar o prazer.
– esconder as emoções.
– temer o estranho.

A criança vai aprendendo a colecionar certos tipos de sentimentos, como se estivesse colecionando selos, isto é, selos psicológicos. Marcos vive numa família, em que sempre lhe dizem:

– Tira a mão daí, se não tirar, apanha. (Selo de medo.)
– Vou lhe dar uma surra. (Selo de medo.)
– Eu te soco na parede. (Selo de medo.)

102 RELAÇÕES HUMANAS

Essa criança formou um álbum de selos psicológicos de medo.

Selos = Sentimentos

Esses selos de transação são colecionados pelo estado do Eu – CRIANÇA.

Cada um de nós tem um álbum simbólico de selos de amor, ódio, alegria, tristeza e outros sentimentos.

Algumas pessoas chegam a entender seu comportamento e os selos que colecionaram durante a vida. Outros, não. Procuram "trocar os selos", quando enchem a página do álbum, como se fosse um "resgate". Algumas pessoas procuram situações em que possam aumentar sua página de

Ressentimentos

Nesse caso, nossa Criança está agindo, a fim de procurar aumentar as páginas do álbum.

Os selos psicológicos assumem cores, de acordo com os sentimentos. Assim:

Selos psicológicos

COR	SENTIMENTO
cinzenta	inadequação
vermelha	raiva
branca	pureza, humildade
roxa	depressão
dourada	auto-suficiência
amarelo	medo
verde	inveja
castanho	ressentimento

Quando uma pessoa coleciona muitos selos cinzentos ou roxos, está assumindo uma posição NÃO OK, de Vítima. Quando coleciona selos dourados está asssumindo uma posição de Vencedor, OK.

Há pessoas que passam a vida colecionando selos roxos e só transacionam com indivíduos que fazem aumentar sua coleção:

- Qual, você não tem jeito...
- Este mundo está perdido.
- Se eu fosse você...

Sabe você como as cores foram escolhidas para indicar as emoções?

- Com o selo de ódio, a pessoa diz: "eu estou com tanta raiva que só enxergo *vermelho*".
- Uma pessoa com muita inveja e, por isso, doente do fígado, vai dizer: "eu estou *verde* de inveja".

- A pessoa levou um susto e disse: "estou *amarela* de medo".
- Um *rosa* esmaecido me deixa depressivo.
- Estou feliz, tenho muito ouro, consegui minha auto-suficiência *dourada* e vitoriosa.
- Que mundo *cinzento*, sem sol, só tenho vontade de ir pra cama e não fazer nada. Sinto-me inadequado.
- Que pureza de roupa, que caráter cristalino, sinto a *brancura* de seu temperamento.
- Ah! isso não dá certo.
- Aí você errou.

Por incrível que pareça há pessoas que foram condicionadas a procurar selos depressivos e estimuladas a aumentar sua coleção.

É uma pessoa que trabalha até tarde, faz serviço pelos outros, carrega o mundo nas costas, dorme pouco, se autolastima.

Figura 7.1 *Trocando os selos.*

Os selos vermelhos, de raiva, são colecionados por aqueles indivíduos que estão sempre com a chaleira fervendo. Ele diz:

- Você não é OK.
- Vá pro inferno.
- Vê se não me amola.

104 RELAÇÕES HUMANAS

– Dane-se.

– Suma da minha frente.

Está sempre encontrando erros e defeitos nos outros. Sempre pronto a agredir, sempre em ebulição.

O selo psicológico de "pureza", branco, é colecionado por aqueles indivíduos que se lastimam, procurando carícia.

– Fiz tudo por eles, e eles não me entenderam.

– Trabalho todo o dia até duas horas da manhã e levanto às cinco, para o bem de meus filhos.

– Ninguém me reconhece. Não faz mal, um dia vou ser recompensado.

– Não deu tempo de almoçar. Não faz mal, um dia serei compreendido.

– Ganho pouco, mas sou feliz.

– Como mal, mas tem gente que não tem o que comer.

Quando nós conseguimos fazer a criança feliz, estamos juntando selos psicológicos dourados.

– Puxa, consegui.

– Estou realizado.

– Que viagem maravilhosa.

– Enfim, a sós.

– Esse menino só me traz alegria.

É preciso verificar, no entanto, se os selos dourados não são falsos.

Os selos também podem ser trocados, como os sentimentos, quando as páginas se completam. Aí fazemos como nas coleções de figurinhas que são trocadas por um brinde.

Nós guardamos durante muito tempo ressentimentos (selos castanhos) contra certa pessoa, até que enchemos a página. Aí resolvemos, um dia, trocar a página por:

– uma briga;

– um desabafo;

– um divórcio;

– um palavrão.

Quando a página de selos dourados está cheia, ela pode ser trocada por:

– uma viagem;

– um jantar com os amigos;

- um porre;
- uma noitada memorável;
- a compra de um carro.

Figura 7.2 *Trocando os selos com a pessoa errada.*

EXERCÍCIOS

1. Procure verificar os selos que você colecionou durante uma semana. Preencha a folha do álbum das emoções.

	SELOS					
DIAS	CINZA	VERMELHO	BRANCO	ROSA	DOURADO	VERDE
2ª						
3ª						
4ª						
5ª						
6ª						
Sáb.						
Dom.						
TOTAL						

2. Analise sua página de selos da semana, preenchida. Faça um relato e leia-o muitas vezes, refletindo: O que você precisa mudar em seu álbum?
3. Combine com um colega seu, namorado ou namorada, esposa ou esposo e colecionem separadamente selos, durante uma semana. Depois, discutam os resultados.

    Numa forma alternativa, você poderá preencher a página de sua namorada ou amigo e ele ou ela, a sua.
4. Se você é pai ou mãe, faça o álbum de selos psicológicos da família.
5. Se você trabalha numa empresa, dê a idéia de se levantar um álbum de selos em seu departamento. Cada um preenche sua folha e, ao final da semana, discuta os resultados com a equipe.
6. Peça ao grupo de trabalho de sua classe que preencha o álbum coletivo da equipe, isto é, tal como vocês se vêem ou percebem. Será um álbum coletivo de percepção de selos psicológicos.
7. Olhe bem essa figura. Você tem alguns colegas, amigos, parentes, professores ou chefes que se enquadrem nesse desenho?

Figura 7.3 *Os selos...*

8. Qual é a maneira mais comum pela qual você resgata seus selos psicológicos? Faça uma análise.
9. Escreva o nome de seus amigos mais íntimos ou colegas e ao lado coloque o selo colorido que você acha que ele mais gosta de colecionar. Mostre a seu colega ou amigo ou namorada e discuta com ele ou ela.

10. O que você costuma fazer quando completa uma página do álbum com selos dourados?

Como costuma resgatar essas páginas cheias do álbum:

a. Permanecendo emburrado durante muito tempo?
b. Explodindo?
c. Tendo uma crise de choro?
d. Caindo na farra?
e. Bebendo?
f. Estourando sua conta bancária?
g. Brigando com alguém?

8 As Posições Psicológicas da Vida Formam Nosso Caráter

Quando você era criança, talvez tivesse ouvido de seus pais ou parentes as frases:

- Mas que menino desajeitado. Deixa que eu faço pra você. Ora, você não faz nada direito.
- Olha, esse menino não tem mesmo jeito para Matemática. Puxou a mãe dele.
- Bem que eu disse, você nunca será capaz de andar de bicicleta.

Todas essas frases martelaram em sua cabeça e *enriqueceram* as baterias de *você não é capaz*.

Então você acabou adquirindo uma posição psicológica diante da vida:

- EU NÃO SOU OK.

Sua *okeidade* (capacidade de se sentir capaz) ficou com um saldo negativo no crédito de sua capacidade.

Você pode, no entanto, ter tido pais diferentes que sempre lhe disseram:

- Minha filha, você é ótima para redigir.
- Olha, minha filha, gostaria de que você me ensinasse a trabalhar com o computador. Você trabalha tão bem.
- Gostei muito de sua roupa, ela fica bem pra você.
- Nossa, como você tem jeito para fazer esses trabalhos.

Nesse caso, você acaba adquirindo a posição existencial:

– EU SOU OK.

Você viu que a pessoa forma conceitos sobre si mesma em função da forma como os outros a julgam. Esses conceitos são formados logo nos primeiros anos de vida e acompanham sempre a pessoa.

Ao adquirir a posição NÃO-OK você carrega consigo um arsenal de conceitos como:

- Eu sou lerdo... Eu não sou inteligente... Eu não consigo fazer nada certo... Eu não sou bom esportista... Eu não sou bom em Matemática... Eu não sei redigir... Eu não sou bom como os meus irmãos...

E como são os outros, isto é, qual o conceito que você formou das outras pessoas?

Depende de como o trataram, do que você ouviu, com freqüência, quando criança. Assim:

- Pai, você é legal.
- Mãe, você é muito carinhosa comigo.
- Tio, você é bacana, sabe subir na árvore.
- Vô, você gosta de mim, sempre me traz um presente.
- Vó, eu acho que você gosta muito de mim.

Essa pessoa formou dos outros um conceito:

– VOCÊ É OK

Contudo, pode ser que as coisas não tenham corrido tão bem assim e você tenha ouvido, dia a dia, durante anos, injunções como estas:

- Esse homem não presta.
- O soldado pega a gente.
- Cuidado com os homens de barba.
- Não converse com ninguém na rua.
- Teu pai não tem juízo.
- Não dê muita trela pro seu tio.
- Não fique ouvindo muito as histórias do teu avô.
- Todo negociante é ladrão.

Aí você forma um conceito dos outros representado por:

– VOCÊ É NÃO-OK.

Figura 8.1 *O indivíduo vai colecionando em seu computador, dados positivos (OK) e dados negativos (Não-OK) que formam seu script de vida.*

Você poderá, então, estar formando posições existenciais de vida, como:

EU SOU OK – VOCÊ É OK

EU SOU OK – VOCÊ É NÃO-OK

EU SOU NÃO-OK – VOCÊ É OK

EU SOU NÃO-OK – VOCÊ É NÃO-OK

As posições e o comportamento

Se você se acha OK e pensa que os outros também são OK, então...

...você tem uma posição saudável. Tenta resolver seus problemas de forma construtiva. Aceita seu valor e a importância das outras pessoas. Sabe entender-se e entender os outros.

Se você se acha que é não-OK e os outros são OK, então...

...você se sente inferior aos outros. Sente-se diminuído quando se compara com irmãos, colegas e companheiros.

Essa posição é a mais comum de todas. A criança assume esse estilo de vida, porque registra, em sua *Criança não-Ok*, em seu gravador sentimental, toda a raiva e frustração que sentiu, quando...

- *tropeçou nos móveis*;
- *derramou leite na roupa*;
- *sujou a roupa nova*;
- *chutou pedras com o sapato novo*;
- *riscou a parede*;
- *não disse "bom dia" às visitas*;
- *calçou os sapatos ao contrário*.

Se essa posição é comum na criança que começa a enfrentar o mundo, ela é prejudicial quando você é adolescente ou adulto.

Figura 8.2 *A posição existencial – EU NÃO SOU OK – no adulto leva a comportamento depressivo e autodepreciativo.*

112 RELAÇÕES HUMANAS

Se você se acha OK e acha que os outros não são OK, então...

...você se sente vítima ou perseguida. Culpa os outros pela sua miséria, seus problemas, suas atribuições. Delinqüentes e criminosos assumem essa posição.

– A sociedade não presta. Fui sempre perseguido pelas pessoas. Os outros são ricos e eu sou pobre. Por que isso acontece? Por que os outros têm tudo, carro, casa, dinheiro, e eu não tenho nada?

Pode ser que o garoto *NÃO-OK*,

- *não recebeu carinhos;*
- *não foi estimulado;*
- *foi abandonado a si próprio, pois os pais tinham muito trabalho;*
- *foi ignorado;*
- *não sentiu a presença dos pais.*

Esse garoto computou dados afetivos que o levam a crer que

Você é não-ok

No fundo de sua solidão, no âmago de seu desespero, esse menino que não recebeu carícias, nem castigos (teriam sido melhores que ausência, porque haveria contato físico) torna-se apático, neurótico.

- *E se...*
- *a criança foi muito agredida;*
- *teve uma experiência traumática;*
- *teve pais violentos;*
- *foi muito perseguida;*
- *foi violentada pela miséria;*
- *foi muito espancada;*

...então a vida perdeu todo seu encanto e a criança acha que não vale mais a pena viver. Ele não gosta dele mesmo e não gosta dos outros. Eu sou mau, mas o mundo também é mau.

- *Quais os conceitos de vida das pessoas, em relação a essas posições?*

A posição SOU OK, VOCÊ É OK leva o indivíduo a pensar:

- VALE A PENA VIVER.

A posição SOU OK, VOCÊ É NÃO-OK dá ao indivíduo a filosofia de vida:

- EU SOU OK, VOCÊ NÃO TEM VALOR PARA MIM.

A posição NÃO SOU OK, VOCÊ É OK leva o indivíduo a sentir:

– EU NÃO PRESTO, MINHA VIDA NÃO TEM VALOR.

A posição EU NÃO SOU OK E VOCÊ NÃO É OK leva o indivíduo a triste conclusão:

– MINHA VIDA NÃO VALE NADA E A DOS OUTROS TAMBÉM NÃO.

Figura 8.3 *A posição ideal de vida, a mais natural, espontânea é – EU SOU OK – VOCÊ É OK.*

114 RELAÇÕES HUMANAS

A Psicologia e os ensinamentos da vida levam o indivíduo a modificar ou tentar modificar a posição básica inicial de sua vida. Esse projeto ou tentativa de reformulação de seu comportamento se chama *redecisão*.

A *redecisão* é a atualização e a reformulação das informações gravadas na mente da criança, durante sua infância. Por essa reformulação, a pessoa poderá chegar a tomar NOVAS DECISÕES em sua vida.

– Não, agora está tudo diferente, eu não sou mais aquela pessoa.

– Estou vendo agora o mundo em outro ângulo. Sei o que quero e por que quero.

– Chega, nunca mais. Agora estou enxergando melhor o mundo. Como fui ingênua.

– Tomei novas decisões. Comecei por fazer uma faculdade, estudar, tentar vencer. Sempre me disseram que eu não tinha condições de estudar. Agora vejo que isso não é válido.

– A vida inteira fui tomado como tímido, desajeitado. Sempre tomaram as decisões por mim. Colocaram em minha cabeça um MANUAL DE DECISÕES. Hoje joguei fora esse manual de decisões. Sou outra pessoa. Construí meu próprio manual de decisões.

PERGUNTA-SE:

a. Como anda sua REDECISÃO?

b. Você já avaliou o que pretende reformular em seu comportamento?

c. Como anda sua coleção de OK ou NOK (NÃO-OK)?

d. Você já estudou sua posição fundamental de vida?

Veja esses desenhos em que se refletem POSIÇÕES EXISTENCIAIS. Analise as situações. Verifique com qual personagem você se identifica. O que ela tem de comum com você? As outras pessoas lhe parecem OK ou NOK?

O que você acredita que esteja acontecendo na primeira situação, na segunda e na terceira?

Posições existenciais

– *Eu sou OK. Vocês são Não-OK.*

– *Eu sou Não-OK. Vocês são OK.*

– *Eu sou OK. Vocês são OK.*

RELAÇÕES HUMANAS

EXERCÍCIOS

1. Reúna-se com seu grupo. Faça uma análise de seu *Okeigrama*, isto é, como você se sente, OK ou NOK (Não-OK), e como o grupo percebe você: OK ou NOK.

    Cada elemento do grupo deverá auto-avaliar-se e avaliar os outros elementos do grupo. Depois de preenchidos os dados da ficha, o grupo deverá partir para uma avaliação geral de todos os participantes.

    Poderá verificar também como o grupo, num todo, é percebido, OK ou NOK.

Tema — Ficha de Auto Hetero-Okeigrama

Nome

Nº		Posições Existenciais (PE)				
		NOK OK	OK NOK	OK OK	NOK NOK	OBS.
1						
2						
3						
4						
5						
6						
7						
8						
9						
10						
	Minha posição no grupo					

Observações:

2. Este exercício poderá ser realizado em grupo. O professor ou coordenador de grupo deverá dividir os grupos em pares (díades). Assim: *Grupo A –*

AS POSIÇÕES PSICOLÓGICAS DA VIDA FORMAM NOSSO CARÁTER 117

grupo OK, *Grupo B* – grupo NOK. Exemplo, um grupo de duas pessoas (díade) será estruturado:

Grupo A: Eu sou OK – *Grupo B*: Eu sou Não-OK.

Os grupos devem dialogar, assumindo cada um a posição que lhe foi determinada. O professor propõe um assunto para discussão. Exemplo: dia de prova, custo de vida, meu trabalho, minha família, a inflação.

Os grupos também podem ser formados por duas ou mais pessoas. Depois de um tempo, o professor propõe rodízio. *O grupo OK* passa a NOK e vice-versa.

3. Observe a Figura 7.7. Verifique qual a posição existencial (OK-NOK) que vai assumir essa criança. Argumente e justifique seu comentário. Discuta com seu grupo.

Figura 8.4 *A tragédia do Não*.

118 RELAÇÕES HUMANAS

4. Analise estes diálogos, em termos de posições existenciais:

    a. *Professor*: Você é péssimo, não faz nada certo.

    b. *Aluno*: Desculpe-me professor, não consigo fazer nada certo.

Que posição é essa: OK-OK, OK-NOK, NOK-OK, NOK-NOK.

    c. Cumpri minha obrigação, deu tudo certo.

    d. Esse professor não sabe nada. Atrapalha tudo, ninguém aprende.

Assinale a posição existencial.

5. Classifique a posição psicológica dos indivíduos que utilizaram as frases mencionadas a seguir:

FRASES			POSIÇÕES		
Eu sou	OK	NOK	Eles são	OK	NOK
a. Sou um cara esperto.					
b. Não consigo fazer nada certo.					
c. Todos gostam de mim.					
d. Os alunos ma acham bom.					
e. Que mundo maravilhoso. Sou bom e todos também.					
f. Dizem que sou mau, também todos são péssimos.					
g. Não sei fazer nada certo. Ainda bem que você me ajuda...					
h. Ainda bem que você é legal e me acha também legal.					

6. Faça dois elementos do grupo manterem diálogos, utilizando posições existenciais diferentes ou semelhantes (OK-NOK, NOK-OK, NOK-NOK). Os outros elementos do grupo vão assinalando as posições. Depois faça uma verificação das anotações e discuta com o grupo.

    Peça ao grupo para falar em *slow-motion* (câmara lenta).

7. Faça uma análise de seu posicionamento em posições existenciais, no decorrer dos anos:

    – Quando eu era criança, minha posição existencial era . . . .
. . . .
(escreva a resposta e justifique)

    – Como adolescente, eu me sentia . . . .

– Lembro-me de que meu pai era . . . . e minha mãe era
. . . .

– Os fatos OK de que mais lembro foram . . . .

– Os fatos NOK de que mais me lembro são . . . .

– Como estudante eu me sinto, agora, ...

8. Em relação a minha escola, a meu lar, a meu trabalho, posso representar minha posição existencial da seguinte forma:

No lar, eu sou . . . . e os outros são para mim . . . . (faça o mesmo com escola e trabalho)

9. Em relação às pessoas mais íntimas (pai, mãe, irmãos, amigos, namorado, esposo e outros) eu apresento a seguinte posição existencial:

OK – OK . . . .

OK – NOK . . . .

NOK – OK . . . .

NOK – NOK . . . .

10. Do exercício anterior, o que eu poderia fazer para mudar as posições NOK em meu relacionamento?

9 Transas e Transações na Comunicação

Figura 9.1   *Um diálogo entre juiz e bandeirinha.*

TRANSAS E TRANSAÇÕES NA COMUNICAÇÃO **121**

Na Figura 9.1 há um diálogo entre um juiz de futebol e um bandeirinha, isto é, aquele que corre pelas laterais do campo. Vamos ver o que eles dizem.

– Que times jogam hoje?
– Palmeiras e Corinthians.
– Os quadros jogam com todos os titulares?
– Sim.
– Então vamos começar, que está na hora.

Se você se lembra dos Estados do Eu, vai ver que eles estão usando o Estado ADULTO (A). Não há emoções, sentimentos. Há apenas informações.

Quando duas pessoas dialogam, elas enviam mensagens. Assim, o juiz enviou uma mensagem ao bandeirinha, que respondeu.

Essa comunicação se chama *transação*. Numa relação interpessoal, de envio e recebimento de mensagem, há *ações* que passam de uma pessoa para outra. Essa ação se chama *transação*, isto é, ação que passa de um para outro (*trans* – através de).

Vamos ver outro exemplo:

O professor chega à classe e pergunta:

– Quem fez a lição?

Respostas:

Marcelo: – Olha, professor, eu estive doente ontem. Olha só como eu estou pálido. Não dormi direito à noite.
Fernando: Eu fiz, professor, mas há uns pontos que quero discutir com o senhor.
Alessandra: Puxa, gente,ninguém colabora com o professor, assim não dá. Ele não vai conseguir dar a matéria. Coitado dele.

Se você analisar os estados do Eu que entraram nessas transações, vai verificar que Marcelo usou o estado do Eu – CRIANÇA, *chamando o Pai Protetor para lhe dar carícias*.

Fernando usou o estado do Eu – ADULTO. Alessandra quis proteger o professor, entrou em defesa dele, por isso usou o estado do Eu – PAI Protetor.

Como seria representada a transação de Fernando para com o professor? Vamos representar num gráfico.

GRÁFICO DE TRANSAÇÃO

O ADULTO do Professor lança uma informação. Fernando responde também com uma informação. A transação foi de ADULTO para ADULTO. Essa transação se chama – COMPLEMENTAR.

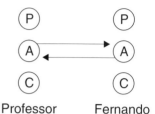

Vamos ver a transação de Alessandra para com o professor.

GRÁFICO DE TRANSAÇÃO

Nessa transação, o professor dá uma informação. Alessandra ficou com dó dele, pois ninguém queria colaborar, a não ser ela e Fernando. Resolveu proteger o professor. A transação cruzou, começou com o ADULTO do professor e cruzou com o PAI da Alessandra. Essa transação se chama CRUZADA. Veja no gráfico.

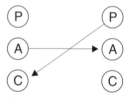

Vamos ver agora a transação de Marcelo para com o professor. Veja o gráfico da transação.

GRÁFICO DA TRANSAÇÃO

Nessa transação, o professor dá ou pede uma informação. Marcelo usou o sentimento (CRIANÇA), usou o Estado do Eu, *Pequeno Professor* e tentou manipular o professor, dizendo que esteve doente. Marcelo usou um jogo psicológico. A transação que Marcelo usou se chama ulterior.

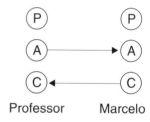

Vamos analisar a gravura a seguir. O que será que eles estão dizendo? Você imagina? Que transações podem estar acontecendo nesse diálogo? Vamos ouvir.

– Alessandra, você quer ir comigo ao cinema?
– Claro. Que filme vão passar?
– Perdidos no Espaço.
– Então vamos...

Figura 9.2 *Uma transação cruzada.*

Se você analisar o diálogo ou as transações, vai verificar que ambos estão utilizando o Estado do Eu – ADULTO.

Há, no entanto, uma transação cruzada, representada pela *diabinha* que aparece na imaginação de Alessandra. É o estado do Eu – CRIANÇA, numa *transação ulterior*.

Talvez ela tenha pensado – numa transação cruzada, é certo.

– Agora vou pegá-lo... e ele vai ficar *perdido no espaço.*

REVENDO: Você viu que, quando os indivíduos se relacionam, há tipos de comunicação, chamados *transações*.

Há três tipos de transações: *complementares, cruzadas e ulteriores*.

Precisamos perceber e discriminar os Estados do Eu que nosso interlocutor está utilizando para conversar conosco. Ou ainda – que tipo de transação você mais usa em seu relacionamento?

EXEMPLOS DE TRANSAÇÕES

A figura mostra uma cena comum, num salão de beleza, em que as pessoas *matam o tempo*, geralmente usando transações complementares.

A transação complementar é fácil de ser observada. Ela ocorre quando uma mensagem é enviada por um estado do Eu, por exemplo, PAI, e a resposta vem no mesmo estado do Eu, isto é, PAI.

Pode ocorrer, também, que a mensagem de resposta seja no Estado do Eu – CRIANÇA que é um *complemento* do estado do Eu – PAI.

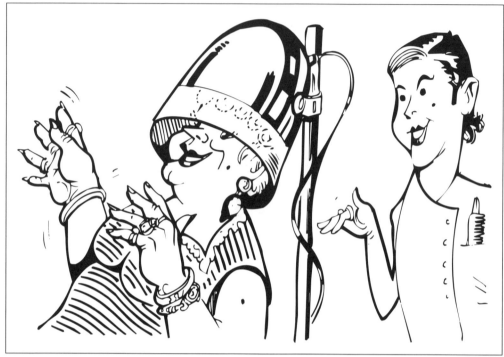

Figura 9.3 *As transações esquentam num salão de beleza.*

- É uma pouca vergonha, hoje as moças não se cuidam...
- Também acho. A senhora tem razão...
- Usam saias minúsculas... no meu tempo não era assim... e por isso não havia tanto problema sexual...
- É verdade, elas mostram tudo hoje...

As transações, nesse diálogo, ocorreram de PAI para PAI, isto é, PAI Crítico para PAI Crítico. São transações complementares.

A transação poderia ocorrer de PAI para CRIANÇA, nessa mesma figura. Assim:

- Você acha que vai ficar bem esse penteado... estou tão preocupada que meu marido não me olha mais...
- Ah! vai ficar ótimo, a senhora vai mudar o visual...
- Me sinto tão diminuída. Você acha que eu estou muito gorda?
- Não. Acho até que a senhora tem um corpo bom...

TRANSAS E TRANSAÇÕES NA COMUNICAÇÃO   125

Figura 9.4   *Transação CRIANÇA-CRIANÇA.*

Vamos ver o que dizem os dois desligados do mundo, numa conversa de CRIANÇA para CRIANÇA, numa transação complementar.

– Tem chepa aí no bulungundum do brinqueabraque?
– Morô, brother, tô sonado nela.
– Sati, alonga o polegar da molomba.

Talvez você não tenha entendido, pois é uma linguagem de gíria... Por isso a transação é complementar. Eles completam-se e entendem-se em seu vocabulário.

Num lar exigente, a mãe envia uma mensagem de ADULTO, numa transação comum entre pais e filhos:

– Meu filho, você precisa estudar mais. As provas estão aí.

E o filho, que está vendo a televisão, cruza a transação com uma de CRIANÇA Natural, num tom alegre de censura:

- Mãe, quantas vezes você foi reprovada?

Num escritório, o chefe, numa atitude de PAI Crítico, censura a secretária:

- D. Dilce, a senhora está usando muito esse telefone para conversas particulares.
- Seu Agostinho, sua senhora deseja falar com o senhor. É de sua casa.

A Secretária cruzou a transação, dando uma de Pequeno Professor.

Numa sala de professores, um mestre irritadiço despeja sua cólera:

- Esses alunos de hoje são todos uns marginais, não querem nada com o estudo.
- Leonardo, você está fazendo uma afirmação não válida. Há alunos bons e estudiosos.

Figura 9.5 *A transação é cruzada. Ela passa para uma pessoa, mas o destino é outro.*

As transações cruzadas são as que causam maiores dificuldades no relacionamento interpessoal ou na comunicação, no lar, entre casais, na amizade e no trabalho.

Vamos ver alguns exemplos.

Numa sala de aula, o professor desempenha seu papel de ADULTO.

- Hoje vamos estudar substantivo abstrato.
- Professor, o senhor está alegre hoje. É porque o Palmeiras ganhou.

O aluno cruzou a mensagem, num tom alegre de CRIANÇA.

O aluno procura, usando a CRIANÇA chamada de Pequeno Professor, captar o PAI Protetor do Professor.

– Professor, estou com muito dor de cabeça, o senhor poderia me dispensar?
– Coincidência, Danilo, eu também estou com dor de cabeça.

O esposo procura a gravata, pois tem uma reunião. Lança uma pergunta à *cara metade*:

– Benzinho, você sabe onde está minha gravata?

A esposa aproveita e cruza a transação com um PAI Crítico:

– Você é um desleixado, nunca sabe onde põe as cousas. Seus filhos puxam você, um desorganizado.

Figura 9.6 *Um vendedor transa uma mensagem ulterior para vender.*

128 RELAÇÕES HUMANAS

A esposa procurando agradar ao marido, diz:

– Fernando, hoje preparei aquele bife de que você tanto gosta.

– Ora, Alessandra, outra vez aquela carne enrolada.

A transação ADULTA de Alessandra é repondida com uma transação de PAI Crítico do Fernando, cruzando as mensagens.

A Figura 9.6 está mostrando um vendedor treinado em transações ulteriores e em grande habilidade para "fazer jogos". Vejamos o que ele diz à D. Suelene:

– Minha senhora, a vizinha ao lado indicou-me a senhora, como pessoa de fino gosto e apreciadora de artigos de luxo...

– Bem, isso é verdade...

– A senhora sabe, este tapete é persa. Eu trouxe de Portugal... é o último, já vendi todos...

– Muito bem...

– Como tenho que tomar o avião hoje, vendo-o pela metade do preço. Quero vendê-lo a pessoa de bom gosto.

Você verifica que o vendedor está enviando uma mensagem aparentemente de ADULTO e socialmente aceita. Dá a impressão de que ele está trabalhando com seu ADULTO, mas há uma mensagem ulterior, em que ele se vale de seu Pequeno Professor, que é manipulador. Diz-se que o vendedor está trabalhando, neste caso, num nível psicológico.

Você deve observar os gestos da pessoa, a postura do corpo, o tom de voz, pois esses dados podem revelar qual a transação que a pessoa está utilizando para conversar, ou enviar uma mensagem.

EXERCÍCIOS

1. Elabore, com seu grupo, um perfil das transações. Durante a reunião do grupo, peça a uma pessoa que seja a observadora e vá registrando as contribuições verbais – tipo de transação complementar, cruzada ou ulterior. Depois discuta com o grupo o perfil. Faça um rodízio do observador.

TRANSAS E TRANSAÇÕES NA COMUNICAÇÃO   129

Nº	Elementos do Grupo	Tipos de Transação				Total do Grupo
		Complementar	Cruzada	Ulterior	Total	
1						
2						
3						
4						
5						
6						
7						
8						
9						
10						

Observações:

130 RELAÇÕES HUMANAS

2. Ao trabalhar com seu grupo, anote quatro transações complementares que são comuns no dia-a-dia do relacionamento. Complete o gráfico e comente as transações.

(P) (P) (P) (P) (P) (P) (P) (P)

(A) (A) (A) (A) (A) (A) (A) (A)

(C) (C) (C) (C) (C) (C) (C) (C)

3. Agora, anote as transações cruzadas mais comuns, verificadas em sua família. Faça um comentário e discuta com os familiares.

(P) (P) (P) (P) (P) (P) (P) (P)

(A) (A) (A) (A) (A) (A) (A) (A)

(C) (C) (C) (C) (C) (C) (C) (C)

4. Faça agora o mesmo exercício, a fim de verificar as chamadas transações ulteriores ou dissimuladas. Treine com uma pessoa íntima, como namorado, namorada, amigo, colega, esposa, pai ou mãe, filho.

(P) (P) (P) (P) (P) (P) (P) (P)

(A) (A) (A) (A) (A) (A) (A) (A)

(C) (C) (C) (C) (C) (C) (C) (C)

5. Um vendedor de carro diz a seu cliente, um senhor executivo, muito cerimonioso e cheio de rituais:

    – Este é nosso melhor carro esporte, mas talvez não sirva para o senhor, pois é muito veloz.

    Veja qual a transação ulterior que o vendedor utilizou. Ela parece uma transação complementar. Represente isso num gráfico de transações.

6. Monte diálogos com o gráfico a seguir:

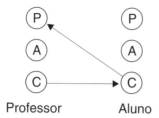

7. A seguir estão dois momentos de um casal de namorados. Monte uma *estorinha* com os diálogos que eles tiveram.

8. Gestos, expressões faciais, postura de corpo, tom de voz, tudo contribui para você entender uma transação. Se uma mensagem verbal precisa ser compreendida inteiramente, quem a recebe deve levar em consideração tanto os aspectos verbais como os não verbais. Discuta o texto. Procure verificar, por exemplo, como você pode distinguir, pelo tom de voz, uma transação cruzada.

9. As transações cruzadas causam sofrimento às pessoas, principalmente as mais íntimas, como pais e filhos, marido e mulher, namorado e namorada, professor e aluno, funcionário e chefe. Uma pessoa inicia a transação esperando uma resposta. Acontece que o interlocutor responde agressivamente. Represente estes exemplos em gráficos:

Aluno: Professor, que horas são?

Prof.: Você vive com pressa. Tem muito o que fazer?

Filho: Mãe, preciso de 10 dólares.

Mãe: Você pensa que eu sou o City Bank?

Namorado: Onde é que você esteve ontem à noite?

Namorada: Você, com certeza, está pensando que eu andei peruando por aí.

Marido: Você está vendo novela?

Mulher: O que você quer que eu fique vendo, luta de boxe?

132 RELAÇÕES HUMANAS

10. As transações complementares são realizadas entre os mesmos estados do Eu, assim de CRIANÇA para CRIANÇA, de PAI para PAI e de ADULTO para ADULTO. Identifique os estados do Eu em que as transações a seguir foram realizadas:

   a. Essa mocidade de hoje não tem mais jeito...

   – Também acho, o mundo está perdido.

   b. Eu te adoro, meu bem.

   – Eu também te curto milhões.

   c. – Quantas pessoas passaram pelo exame?

   – Até agora, 12.

   d. – Estou tão furiosa que sou capaz de jogar este café quente na sua cara.

   – Alguma coisa muito séria te aborreceu hoje?

10 OS JOGOS DA VIDA NA VIDA DA GENTE

Uma das maneiras com as quais você emprega seu tempo é *jogando*. Só que não falamos de futebol, vôlei, baralho ou tênis. Falamos dos jogos chamados psicológicos.

E como você joga esses jogos com as outras pessoas? Você é um bom jogador?

Quando você está utilizando um jogo psicológico, executa uma série de transações com seus parceiros. Tem-se a impressão, ao ouvi-lo dialogar, que você está-se relacionando de ADULTO para ADULTO. Vejamos:

– Você fez sua tarefa?

– Claro, professor...

Mas esse diálogo vai-se alongando, quando surgem as transações chamadas ulteriores. Aí você está falando como ADULTO e usa uma transação da CRIANÇA...

– Mas eu tinha falado para você fazer duas tarefas. Você fez?

– Não... o senhor não falou.

– Creio que você não ouviu... ultimamente você não anda ouvindo bem...

Com impressão de diálogo de ADULTO a ADULTO, começa a se insinuar a CRIANÇA que visa *apanhar o aluno em falta*.

Geralmente, quando o indivíduo está transacionando com jogos está usando a posição:

EU SOU OK – VOCÊ É NÃO-OK.

Os jogos visam reforçar essa posição dominante do indivíduo e recompensá-lo na atuação.

De modo geral, os jogos formam-se na infância, nos primeiros anos de vida carregam consigo boa carga de emoções, como raiva, sarcasmo, superioridade, desprezo e outras.

Os jogos psicológicos, em parte, são semelhantes aos jogos levados a efeito em clubes e reuniões sociais, visto que:

a. tem parceiros (*com quem se associar*);

– É bom jogar para ganhar, com parceiros que eu sei que vão perder.

b. normas de ação (*como agir, descobrir o meio de ganhar, os truques*);

c. objetivo (*aparentemente, um passatempo, mas inconscientemente, o indivíduo quer provar que é OK e seu parceiro é Não-OK*);

d. *roles (papel desempenhado por cada participante)*;

e. o que esperar de si próprio como *jogador (comprovar sua superioridade)*;

f. término (*o vencedor é OK e o vencido é Não-OK*).

Por qualquer razão, o indivíduo começa a assumir um tipo de comportamento com o qual está familiarizado e que lhe desperta sentimentos e emoções.

Vitor foi educado no sentido de irritar-se com os outros, sentir-se furioso por qualquer coisa e, por isso, ganhou o apelido de – esquentado.

Estará sempre jogando com outros, a fim de verificar o que a outra pessoa não queria fazer e mandar fazer o que a pessoa não quer.

Esse jogo que lança mão da *RAIVA* chama-se – *agora te peguei, "seo" FDP.*

Luís teve um PAIS muito severo e crítico que só encontrou defeitos em seu comportamento. Foi levado a bancar o estúpido, o desajeitado.

Hoje ele procura conviver com pessoas que fisguem seus PAIS, reforçando a posição – *Eu não sou Ok*, nada dá certo para mim, não tenho sorte com as pessoas.

Luís está convivendo com o sentimento – *REJEIÇÃO.*

Mário vive culpando os outros, a fim de certificar-se de que eles são Não-OK. Aprendeu isso com seus PAIS críticos. Hoje, Mário joga; *Veja o que eu fiz, por sua causa.* Seu sentimento dominante, sua meta afetiva é *castigar os outros.*

Romualdo formou seu *script* de vida, introjetando na posição PAIS a certeza de que – *você não é Ok – por isso eu preciso ajudá-la*, então continua jogando em suas relações interpessoais o jogo – *só estou tentando ajudá-lo, já que você não faz nada sem mim.* Sua posição sentimental dominante é – Salvador.

Aparentemente, um jogo parece um conjunto de transações, mas depois do *ajuste de contas*, torna-se claro que estas "transações" eram, na verdade, manobras, não solicitações claras, mas movimentos de um jogo.

Quando você, inconscientemente (ou em nível psicológico), relaciona-se com outras pessoas, poderá estar, por exemplo, *tentando culpar os outros*. Então você usa um jogo que aprendeu quando criança, tendo por objetivo provar que essa outra pessoa não é capaz, não é boa, não é inteligente, isto é, não é OK.

Vamos relacionar alguns jogos:

Estou tentando:	Nome do jogo:	Objetivo:
Culpar os outros	Se não fosse por você Veja o que fiz por sua causa	Você não é OK
Salvar os outros	Só estou tentando ajudá-lo O que você faria sem mim	Você é não-OK
Ajustar as contas	Castigo Agora te peguei, "sacana"...	Você não é OK
Procurar rebaixar-me	Me bate Perna de pau	Não sou OK

Vamos ver alguns exemplos de jogos psicológicos.

JOGO DO SIM... MAS

Figura 10.1 *Um triângulo familiar, o avô, o pai e o filho.*

136 RELAÇÕES HUMANAS

Na Figura 10.1 estamos mostrando três pessoas dialogando, em nível social. Vamos ouvir o que dizem:

– Pai, por que você não entra na faculdade e faz um curso?... O pai do meu colega é engenheiro...

– Sabe, filho, seria bom, *mas* eu não tenho muito tempo...

– Meu filho, não fale isso... você pode estudar à noite...

– Sabe, vô, até que eu gostaria, *mas* o dinheiro anda curto...

– Pai, eu desisto da bicicleta de Natal...

– Não é só isso, *mas* eu vou ter que sobrecarregar sua mãe, que terá que ficar com você sozinha, à noite...

– O vô vem ficar com a gente, não é vô?

– Mas não é só isso... eu já não tenho boa memória para estudar...

– Olha, pai, eu te ajudo... eu tomo suas lições...

– Seria muito bom, *mas* a faculdade fica muito longe...

– O vô empresta o carro dele, não é vô?

– Claro, isso não é problema...

– *Sim, mas o trânsito é muito difícil...*

Ainda que, nesse jogo, seja na aparência um diálogo de ADULTO para ADULTO, o pai esteja dizendo:

– Tenho um problema, ajude-me a resolver...

Na verdade a transação, ulterior, é de CRIANÇA-PAI. A personagem que está jogando *Sim... mas* está *dizendo* com sua CRIANÇA:

– Tenho um problema ou vocês me colocaram um problema. Tentem me dar a solução, mas não vou permitir.

Quando criança, o sr. *Futuro Engenheiro* era um menino a quem os pais davam todas as respostas a suas dúvidas. Em razão disso, ele tornou-se enfastiado, irritado e acabou colocando como norma:

– Ninguém vai me dizer o que eu devo fazer.

E a vida toda, em outras situações, ele vai colocar:

– *Sim... mas...*

Veja como essa transação poderá ser representada.

1ª impressão: transação de ADULTO-ADULTO.

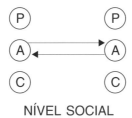

NÍVEL SOCIAL

Comportamento inconsciente – transação ulterior, CRIANÇA-PAIS.

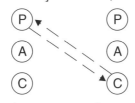

NÍVEL PSICOLÓGICO

Figura 10.2   *Ora, que se danem os dois*.

JOGO "QUE SE DANEM OS DOIS"

– *Quem são esses dois?*
– *Um é o Márcio, o outro é o Marcelo.*
– *Quem é o Márcio?*
– *É aquele que está por baixo, agora.*
– *Então, o Marcelo é o outro?*
– *É.*
– *E você sabe por que estão brigando, Dilce?*
– *Olha, é uma história complicada...*
– *Como assim?*
– *O Agostinho saiu alguns dias comigo, foi tudo muito bom, até...*
– *... até que apareceu o Marcelo.*
– *Bidu... E comecei a sair com o Marcelo...*
– *E isso foi assim, até que...*
– *Até que... deu nisso que você está vendo.*
– *E você não vai interferir?*
– *Ora, que se danem os dois... Olha, você não quer ir ao cinema? Hoje tem um filme legal no Belas Artes.*
– *Topei. Vamos.*
– *Esses dois são uns tolos.*

"Que se danem os dois", é um jogo em que geralmente participam três pessoas. Uma pessoa alimenta a briga e depois sai-se airosa. Ou é um jogo sexual, como o do diálogo anterior ou é realizado para o indivíduo tirar vantagem da situação. Aparece, com freqüência, em situações de trabalho e no lar.

É também chamado de "O jogo do Gérson", de *levar vantagem em tudo*, tão a gosto de alguns brasileiros.

JOGO "SE NÃO FOSSE POR VOCÊ"

Este jogo, como "Se não fosse por você", visa culpar os outros e provar que eles não são OK.

Nesse tipo de jogo, percebe-se que o jogador, em vez de aceitar a responsabilidade por seus atos e, principalmente, pelos erros que cometeu, culpa os outros. É uma forma clássica de jogo em família – marido e mulher. Utilizando esse tipo de jogo, evita-se a intimidade, processa-se o afastamento, o que geralmente deseja um dos cônjuges.

Figura 10.3 *JOGO: "Se não fosse por você..." ou "Veja o que eu fiz por sua causa"*.

– Veja o que eu fiz por sua causa, "seo" descarado. Passei a vida toda fazendo regime, economizando, para você ir jogar no bar do "seo" Manuel e perder dinheiro. Suma da minha frente antes que eu te esgane.

Você já observou se costuma praticar esse tipo de jogo psicológico? Você diz:

– Se não fosse por você, eu seria hoje rico...
– Se não fosse por você, eu teria me formado... fui casar com você.
– Se não fosse por você, eu estaria hoje muito bem...
– Não fique com essa cara, veja o que eu fiz por sua causa, fui passar a *cola* pra você e o professor pegou... Só eu que sofri...
– Quando a gente era solteiro, o Tinoco gostava tanto de mim e você foi se meter. Hoje ele está rico, tem carro último tipo e a gente andando de ônibus... Se não fosse por você eu estaria muito bem...
– Viu, você quis vir passar as férias neste lugar horrível... se não fosse por você, com suas idéias malucas, a gente estaria hoje no Nordeste, foi ouvir aquela enxerida da sua vizinha, olha o que deu.

Esse jogo acontece muito no lar. Uma pessoa, a mãe, por exemplo, está cortando batatas e, de repente, corta o dedo. As crianças fazem muito barulho e ela:

– Vejam o que fiz por causa de vocês. Cortei meu dedo. Olha o sangue.

JOGO "DEFEITO"

Figura 10.4 *É terrível, hoje as mulheres fumam mais que os homens.*

O jogo "Defeito", também jogado como "Não é terrível?", envolve pessoas que numa posição – Eu não sou OK – transformam-se em uma posição oposta – Eles são Não-OK.

Este jogo é muito comum entremear-se como passatempo, na "Hora do Café" ou "Tomar Água".

A atividade do jogador é provar que os outros não são bons, e não se sente realizado, enquanto não descobre o DEFEITO. Vem sempre associado com outro jogo – "Hoje em Dia".

– Hoje em dia, ninguém mais quer estudar...
– É... esses alunos são terríveis...
– Olha, aquela 3ª série não tem jeito. Não consigo dar aula, ninguém presta atenção...
– Sabe, no meu tempo era diferente, todos estudavam, prestavam atenção, faziam os exercícios. Eu me lembro, eu tinha todos os cadernos em dia...
– Sabe-se, é a televisão...

Esse jogo anda muito associado, ao passatempo: *No meu tempo...*

O indivíduo que provar que ele é OK e os outros são Não-OK. A verdade – transação ulterior – é que ele está escondendo suas deficiências. A pessoa não é capaz de fazer certas coisas e culpa os outros, dizendo:

– No meu tempo era diferente, a gente tinha mais responsabilidade, estudava mais, respeitava os professores.

Isso acontece até que alguém, usando o ADULTO, lhe pergunte:

– Se você estudava tanto, por que não conseguiu se formar?

Esse jogo está associado ao jogo "Não é Terrível". Ele é muito comum na escola, num salão de beleza, na fila de espera, num consultório dentário.

JOGO "NÃO É TERRÍVEL?"

Vejamos o que ocorre numa sala dos professores de uma escola.

– Não é mais possível, a mocidade de hoje está perdida...

– Não é terrível?

– É. Os pais hoje são muito bondosos, porque no meu tempo não era assim. As coisas eram bem diferentes.

– Não é terrível?...

– Ninguém quer nada na escola. Ninguém quer mais estudar. Ninguém quer saber de nada... É terrível.

– E os pais vivem fora de casa, só nas reuniões, nas boates, nos teatros...

– Veja, não é terrível, dei 20 notas zero este mês...

– E ninguém liga, eles riem na cara da gente, quando tiram nota zero.

– Não trazem o livro para a aula e inventam mil desculpas.

– É, eles nem têm o livro, passam o ano inteiro embromando. Depois inventaram essa mania de psicólogo...

– É horrível... corri a classe, ninguém tinha feito o exercício, nin...guém...

– São esses pais que não fiscalizam as tarefas dos filhos, não estudam com eles, no meu tempo... ah! se eu fosse para a escola sem fazer a lição...

– Mas eles me pagam... vou reprovar todos. Ninguém passa na minha matéria...

– Ora, mas não é terrível?

JOGO: "SÓ TRATO DE AJUDAR VOCÊ..."

Figura 10.5   *"Só trato de ajudar-te..."*

Esse jogo acontece em situações familiares e em situações profissionais. Berne diz que esse tipo de jogo é muito comum entre trabalhadores sociais.

Isso se verifica se o profissional está dando algum conselho a um cliente ou paciente, "tentando ajudá-lo".

Neste jogo é bem visível o papel do Salvador, que é o rol básico que desempenha o jogador.

Num jogo psicológico sempre aparece um Salvador, um Perseguidor e uma Vítima.

Você está verficando na Figura 10.5 que o marido está tentando "salvar" a coitadinha da esposa. Mas é um Salvador com S maiúsculo, por que é um salvador falso. Só salva na aparência.

Veja o rosto da esposa. Não lembra a você uma Vítima?

Ele está desempenhando uma posição de *Eu sou Ok e você é Não-OK*. Ela está na posição existencial – *Eu sou Não-OK, os outros são OK*. Está jogando também "coitadinha de Mim."

As pessoas que fazem esse tipo de jogo dão muitos conselhos:

– Olha, só quero te ajudar. Vou te dar um conselho de amiga...
– Ouça o que te digo, eu só quero o teu bem...
– Talvez você não queira me ouvir, mas eu só penso na tua felicidade.
– Eu só penso em você, faço tudo pelo teu bem, só quero te ajudar.

JOGO: "AGORA TE AGARREI..."

Figura 10.6   *Jogo: "Agora te agarrei, seu Sacana..."*

Um jogo psicológico constitui uma série de transações, que se repetem, "racionalmente" (no estado do Eu – ADULTO), mas com uma motivação oculta (transação ulterior).

– Você fez o exercício?
– Estive doente, professor (Não sou OK).
– Sem-vergonha, mentiroso. Estou cansado de te falar. Vamos agora ajustar as contas. Te peguei. Vou-lhe dar um castigo (Você é Não-OK).

Este jogo começa quando uma pessoa coloca outra (ou outras) em posição em que possa esmagá-la(s).

O programa deste jogo é a RAIVA e o objetivo é sentir-se furioso. A pessoa – Perseguidor – envolta neste tipo de jogo poderá ser descrita como *o esquentado*.

A tese desse jogo é recriminar deficiências alheias, criticando, de qualquer forma, a vida dos outros.

Os papéis que aparecem são o de Agressor e o de Vítima.

Vamos ver algumas situações em que o jogo apareça. Ele é comum no lar, na escola, no trabalho.

O chefe de departamento chama a secretária. Ela está sobrecarregada de serviços e tem ido além do horário normal de trabalho. O chefe está achando que ela não está produzindo a contento e pretende substituí-la. Seu jogo é a *raiva*.

- D. Alessandra, terminou o relatório?
- Ainda não, "seo" Danilo. Estou com muito serviço.
- Não lhe disse? Há quanto tempo venho lhe dizendo que você não organiza seu trabalho. Quer fazer tudo de uma vez. Assim não dá.

Interiormente está satisfeito, dizendo consigo mesmo:

- Agora te peguei...

É comum num lar o problema das tarefas, lição de casa, estudo e, principalmente, notas vermelhas no boletim.

- Onde está seu boletim, filho?
- Tá aqui, pai, tem uns vermelhos.
- (fogo) Não venho lhe dizendo o ano inteiro que você não liga, só vê televisão e video game... tem que levar chumbo mesmo. Bem que eu te avisei (fogo). Onde está sua mãe?... (fogo)

Interiormente: Agora eu peguei os dois: mãe e filho.

No lar.

Marido volta do trabalho. Pergunta quem telefonou, quais são os recados, se os filhos foram bem na escola, se fizeram as lições e...

- Meu bem, você telefonou ao Ricardo sobre aquela entrevista?

Maria José, aos 25 anos (com o noivo):

- Zezé, vamos ao cinema?
- Sabe, Jorge, vamos ficar em casa... Não tenho vontade de sair, enfrentar o trânsito, as filas...

- Então vamos jogar baralho?
- Ih! é tão chato, depois vai precisar arrumar, contar os pontos, marcar... não dá, não.
- Você já leu aquele livro que te dei?
- Qual?
- "Relações Humanas na Família", do Minicucci.
- Você não quer me contar? Assim não preciso ler.
- Ora, Zezé, assim não vai... assim não dá, não.
- Coitada de mim, ninguém me entende.

Em todas as situações de vida, Maria José foi levada a um propósito de vida – sentir-se rejeitada e a utilizar a justificativa: Não tenho sorte, ajudem-me, por favor.

E depois, ela entra com outro jogo chamado:

- Por que isso sempre acontece comigo?
- Oh!, meu bem, eu esqueci, não tive tempo...
- (fogo) É sempre assim, você é uma desleixada (fogo). Por que você não anota tudo, como eu faço? Estou cansado de falar, não adianta...

Agora eu te peguei.

JOGO DA "ESMAGADA"

Figura 10.7 *Jogo da "Esmagada".*

O jogo da Esmagada ou ainda Deprimida é praticado por uma sacrificada dona de casa ou uma secretária, das quais se requer que sejam peritas em 10 ou 12 ocupações.

A dona de casa tem que desempenhar múltiplos papéis: amante, mãe, enfermeira, cozinheira, faxineira, atendente... Este acúmulo de papéis leva a pessoa a apresentar sintomas típicos de:

– Estou esmagada...

Ela recebe tudo que vem: aceita as críticas do marido, os pedidos dos filhos, é provedora, decoradora, rainha e diplomata. Ela recebe tudo o que vem... e, no entanto, pede mais.

O verdadeiro Perseguidor desta atarefada esposa é o PAIS da esposa (na pessoa da mãe ou avó). O marido é, até certo ponto, uma imagem escolhida para representar este papel.

No escritório:

– Marina, datilografe este relatório, corrija os erros de português, mimeografe o resumo, escreva uma carta a cada acionista, depois compre um presente para minha esposa, faça um pacote bem vistoso, ponha estes documentos em ordem...
– Coitada de mim... por que isso sempre acontece comigo? Estou arrasada. Sou uma Vítima...

JOGO DO "DOENTE"

Figura 10.8 *O jogo do "DOENTE"*.

Acontece que, às vezes, uma pessoa deseja ser notada, acariciada, Vítima.

– Se estou doente, cuidam de mim, notam-me, têm mais cuidado comigo.

Assim, obtém carícias negativas, da lástima, piedade.

– Coitadinho... tão infeliz. Vem, deita no meu ombro.

Há pessoas que sempre procuram estar doentes. Sentem satisfação em que os outros a julgem uma Vítima:

– Coitado do "seo" Márcio, sofre tanto, vive doente.
– Está bem, "seo" Márcio?
– Não, hoje estou com uma enxaqueca violenta...

No outro dia:

– Melhorou, "seo" Márcio?
– Da dor de cabeça, sim, mas estou mal do estômago.

Dias depois:

– Viva, "seo" Márcio, está bem disposto hoje.
– Engano seu. O médico diz que estou com flebite...
– Coitado do "seo" Márcio.

Nesse momento, "seo" Márcio está feliz. Alguém consegue entendê-lo.

JOGO "O MEU É MELHOR DO QUE O SEU"

Figura 10.9 *Jogo: "O Meu é Melhor do que o seu".*

148 RELAÇÕES HUMANAS

Atente ao diálogo e procure descobrir o que o gordinho do fusca está tentando provar.

- Olha, nunca se produziu um carro igual ao fusca.
- Mas o meu Santana...
- Pode lá ter suas qualidades. O fusca, no entanto, é mais econômico, é feito para as nossas estradas...
- Sei, mas...
- É claro que você pode estacionar em qualquer canto...
- Eu entendi, acontece que...
- Tem mão-de-obra barata, as peças são encontradas em qualquer mecânico de fundo de quintal...
- Acho que você está querendo valorizar o que é seu...
- Percebe-se que você não me conhece. Eu falo como ADULTO, dos Estados do Eu, sou a verdade.
- Mas é um carro pequeno para minha família...
- Você que pensa, tenho esposa e três filhos e não são magros, no entanto, todos se sentem confortáveis no fusca.
- Então você quer dizer que o seu é melhor do que o meu...
- Exatamente, eu não trocaria o meu fusca pelo seu Santana...

Nesse jogo, o indivíduo utiliza-se de um comportamento de menosprezo e competição. Ele assumiu, em criança, a posição existencial – Eu sou OK, você é Não-OK.

OS JOGOS PSICOLÓGICOS NO TRABALHO

Todos nós jogamos, isto é, utilizamos jogos psicológicos no relacionamento interpessoal, na família, na escola e no trabalho.

Você sabe quais são os jogos psicológicos utilizados por nós, na empresa ou na escola e o que acarretam?

1. **Eles diminuem a produtividade**.

Pessoas que poderiam estar produzindo mais desviam suas energias para executar os jogos. Em vez de levar o trabalho adiante, tentam solucionar seus problemas, procurando descarregar sua raiva, escondendo sua culpa ou omitindo os sentimentos de inferioridade.

– Antônio me paga. Ele vai ver. *Agora eu pego aquele filho da mãe.* Vou arrumar uma e ele vai ser despedido.

2.   **Os jogos reforçam posições psicológicas da infância que dificultam o bom desempenho**.

Há pessoas que reforçam a posição *Eu não sou Ok*, levando-a ao desempenho do jogo *Perna-de-pau*.

– Não adianta, nada dá certo comigo. Eu faço tudo errado.

Se o jogador de Perna-de-pau fizer um treinamento na empresa, vai dizer:

– Os outros se saíram melhor do que eu no treinamento.

A verdade é que, às vezes, a filosofia da empresa impede que o trabalhador seja ele mesmo.

– Assim que entro no trabalho, diz, visto uma máscara para não ser realmente o que eu sou.

Há indivíduos que chegam muito antes do expediente e saem depois. Levam serviço para casa e, às vezes, deixam de almoçar, para cumprir as obrigações. Jogam o jogo do *Executivo Acossado*, ou *O Saquinho de Lanche*.

– Eu visto a camisa da empresa, dizem.

As energias que devem ser utilizadas no trabalho, às vezes são desviadas em jogos.

3.   **Os jogos de culpa no trabalho**.

Você se aproxima de um trabalhador que está consertando um aparelho de TV. Nesse instante ele deixa cair uma peça ao chão, que se quebra. Então joga a culpa em você:

– Veja o que você fez. *Veja o que me levou a fazer.*

Esse é um jogo de acusação. O indivíduo coleciona selos de raiva em relação a outras pessoas. Quer pôr a culpa nos outros.

Acontece que Filipino é uma pessoa que não obtém promoções. Fica irritado, porque os outros vão galgando postos. Não percebe, no entanto, que ele não se esforça, não faz cursos, não estuda e cultiva a inveja. Quando a esposa ou outra pessoa íntima lhe cobra, descarrega a responsabilidade:

150 RELAÇÕES HUMANAS

– Você é a culpada, não me estimula, não me ajuda, não colabora comigo. Assim não dá. Lá na empresa ninguém gosta de mim, a começar pelo chefe.

– Não fosse por sua causa...

4. **Jogos de perseguição e ataque**.

– Caro engenheiro, na nossa empresa você terá todos os benefícios sociais, aumento salarial pela sua produção, cursos de treinamento, cesta básica, vale transporte, bem como 13º e 14º salários.

Depois de alguns meses:

– Mas que coisa! Pintaram um paraíso, no primeiro dia, mas a realidade da empresa é outra. Não sei se vou agüentar... Caí numa armadilha. A empresa jogou comigo "*O Caçador de Ursos*". E eu, como bom urso, fui chupar o mel.

Marco não gosta do Marcelo, por isso dirige-se a Fernando:

– Fernando, sou muito teu amigo. Vou-lhe confiar um segredo. Mas não diga nada a ninguém que eu lhe contei.

– Tudo bem, vamos lá:

– O Marcelo anda falando mal de você para o gerente. Diz que você não trabalha e com as histórias do PT não deixa ninguém trabalhar. Olha, eu não tenho nada com isso. "*Vocês é que se entendam.*"

Zeca joga o jogo *Defeito*. Trabalha com selos de raiva e menosprezo. Só ele tem valor.

– Olha esse relatório, até que está bom, mas precisa mudar essa linguagem.

– Vou lhe dar um conselho. Não seja tão receptivo para com outros. Você acaba se prejudicando.

– Olha, o nosso chefe até que seria bom, se não cometesse tantos erros de português.

– O mal aqui é que todo o mundo tem Defeito.

Teresino gosta de jogar o *Bate-boca*:

– Olha, está uma caca este relatório que você fez.

– Mas eu caprichei. Passei a noite escrevendo.

– Você devia é ter dormido, assim ganharia mais.

– Olha, o certo é que você não gosta de mim...

– Não apele para o emocional.

– Sabe de uma coisa, você gosta é mesmo do jogo *Bate-boca*.

5. **Jogos de autocompaixão e autonegação**.

"Seo" Yamamoto gosta de jogar "O Saquinho de Lanche" ou "Marmita".

Esse jogo acontece com as pessoas que gostam de colecionar selos de pureza e vivem manipulando os outros.

– "Seo" Yamamoto, o senhor não vai almoçar?

– Quem sou eu para ter tempo para almoçar. Preciso correr para terminar o que tenho de fazer. Trouxe meu lanche. Assim aproveito para ir trabalhando, à medida que vou mastigando alguma coisa.

E os empregados pensam:

– Puxa, não adianta a gente reclamar. Da forma como ele trabalha, a gente vai se sentir culpado, se gazetear.

Sansão joga o *Executivo Acossado*.

– Puxa, esse cara trabalha 24 horas por dia. Ele não pára. É capaz de atender três telefones ao mesmo tempo. Está em todos os lugares ao mesmo tempo. Parece São Francisco.

– É mesmo, parece o Super-homem. A vida dele é só trabalho. Dizem que há 10 anos não tira férias.

– Creio que ele está querendo dar o exemplo para nós. Você já viu como está de papéis a mesa dele?

VOCÊ DEVE ENTENDER QUE...

1. Os jogos limitam a produtividade e diminuem a capacidade de o indivíduo resolver seus problemas.

2. Os jogos impedem as relações interpessoais honestas, íntimas e abertas. Eles são jogados porque preenchem o tempo, chamam a atenção e reforçam a opinião OK ou NOK que temos das pessoas.

3. Os jogos podem trazer *vantagens* (Lei de Gérson). A maioria das coisas que acontecem num jogo são destrutivas, pelo menos até certo ponto. É claro que varia a intensidade com que a pessoa joga, da

mesma forma como varia a interpretação que a outra pessoa dá aos jogos que você desempenha.

4. É certo que a estrutura da família, da escola, da empresa, podem incentivar certos jogos. A família ou a escola ou a empresa podem retribuir àqueles que praticam certos jogos.

5. Certos jogos podem culpar os outros pelos problemas que temos, como, por exemplo: *Veja o que me levou a fazer, Se não fosse por você.*

6. Certos jogos são de perseguição e ataque e visam descarregar sua raiva em outras pessoas, como, por exemplo: *Vocês que se entendam, não tenho nada com isso, Defeito, Agora te peguei, "seo" F.D.M., Bate-boca.*

7. *Outros jogos podem despertar* compaixão pelos outros, valorizando sua superioridade como, por exemplo: *Coitado de Mim, Perna-de-pau, Repreenda-me, Saquinho de Lanche, Acossado.*

RECOMENDAÇÕES: Você deve procurar descobrir os jogos que utiliza em seu relacionamento interpessoal no lar, na escola, na empresa, no lazer.

Ao desmascarar os jogos, você utiliza seu ADULTO para liberar as energias psíquicas e física, de modo que se torne mais consciente do que está acontecendo agora. Isso permite a você investir em seu potencial e na solução de problemas reais que exigem no presente e vislumbram no futuro. Essa conexão com o presente, seu presente, seu mundo atual, traz um sentimento de realização, satisfação e alegria de viver. Para a família, traz entendimento e amor; para a escola, traz melhor aprendizagem e compreensão; para a empresa, traz um relacionamento mais produtivo.

Enfim, procure viver melhor, entendendo seus jogos e percebendo os jogos dos outros.

EXERCÍCIOS

1. No jogo chamado Bate-boca ou Gritaria, ambos os jogadores brigam, mas um ataca e outro pretende defender-se. Esse jogo é praticado nas salas de aula, nos escritórios. Ele começa com uma discussão, até que um deles apela e se retira.

   Vamos começar esse jogo e você deve terminá-lo.

   O pai começa a repreender um adolescente:

   Pai: Por onde tem andado?

   Filho: Ora, pai, por aí.

Pai: Você já olhou o relógio? Isso são horas de chegar?

Filho: Ora, pai, não enche, já olhei o relógio...

2. Treinamento o jogo "Agora te peguei... ou Castigo".

    Tese: necessidade de recriminar deficiências alheias, criticando os outros.

    Com quem se associar: com gente que esteja acostumada a ser perseguida.

    Como agir: descobrir alguma coisa que a outra pessoa não queira fazer e mandá-la fazer.

    O que dizer: Não me irrite.

    Exercício: colocar duas pessoas, uma defronte à outra e pedir que comecem a jogar. Uma desempenha o papel de esquentada e a outra de vítima. O grupo deve ficar ao redor dos dois para observar.

    Depois de algumas transações, parar o jogo e mudar os papéis. A Vítima passa a ser o Perseguidor e o Perseguido, a Vítima.

3. O jogo poderá ser terminado, se você se recusa a jogar. Isso se chama *Desistindo dos jogos*.

    Por exemplo, se você se recusa a dar conselhos, ou sugestões a um jogador que quer jogar – *Sim, mas...*, você acaba com o jogo.

    Exercício: coloque um elemento do grupo ao lado do outro. Um vai usar *Sim, mas...* querendo carícias. O outro vai entrar no jogo, no início, mas depois vai terminar o jogo.

    Inverta os papéis.

4. *O Jogo de Acossado*. Acossado é a pessoa que aceita um número grande de responsabilidades e depois entra em depressão porque não consegue fazer tudo. Chega mais cedo ao serviço, sai mais tarde, leva serviço para casa. Ele pretende que lhe digam que é excepcional. Quer carícias.

    Esse jogo pode ser: *professor acossado, estudante acossado, secretária acossada, caixa de banco acossado, motorista acossado*.

    Escolha uma dessas variedades (ou outra não citada) e descreva esse jogo.

5. Outros Jogos – Há outros temas de jogo que facilmente podem ser identificados.

    Sem saída: De qualquer jeito que eu fizer, não dá certo.

    Defeito: Você é ótima pessoa, mas com essa roupa escandalosa, ninguém vai ligar para você.

154 RELAÇÕES HUMANAS

Estou apenas tentando te ajudar: As minhas idéias são melhores do que as suas. Você deve fazer como eu lhe digo. Estou tentando apenas te ajudar.

Olha como eu dei duro para conseguir: Não fique reclamando que o negócio não deu certo. Veja só como eu dei duro para conseguir.

Exercício: escolha um dos jogos e procure redigir uma estória em que esse jogo seja realizado por duas pessoas.

6. *Jogo Castigue-me ou Repreenda-me*. Nesse jogo, o jogador faz alguma coisa para provocar o outro e rebaixá-lo. Exemplo de um diálogo (transação):

Aluno: Fui dormir ontem muito tarde. Houve um problema sério lá em casa.

(Transação ulterior do jogador – Repreenda-me, não tenho mesmo jeito, professor.)

Exercício: desempenhe o papel de professor e transacione com esse aluno.

7. Na escola realizam-se muitos jogos entre alunos e professores, como *Tumulto, Perna-de-pau, Palhaço, Desastrado, Defeito, Por que Isso Sempre Acontece Comigo*.

Vamos a alguns deles. Marcelo é palhaço da classe. Ele procura chamar a atenção de professores e colegas. Com isso ele visa captar carícias. Se o professor insiste em tolhê-lo, ele redobra a carga e procura obter mais carícias. Todos riem de suas palhaçadas.

Exercício: monte o jogo com alguém que realmente desempenha esse tipo de jogo em sua classe.

8. *Tumulto* é outro tipo de jogo comum em salas de aula. Alessandra estava colecionando figurinhas de *raiva* (selos de raiva). Sempre que alguém lhe dizia ou fazia algo que lhe desagradasse, ela recebia isso como repreensão. Aí ela procurava criar a maior confusão com o professor, questionando, discutindo, exigindo reparação.

Exercício: monte um jogo *Tumulto*, tendo alguém como aluno e um outro elemento do grupo como professor.

9. O jogo *Perna-de-pau* ou *Imbecil* acontece não só na escola, como também no trabalho. A pessoa parece não gostar muito de si. Ela faz sempre o contrário do que se pede, troca as ordens. Toda vez que ela faz alguma coisa errada, os outros o chamam de estúpido, quadrado ou então riem muito dele.

Exercício: monte um jogo *Perna-de-pau* em seu grupo. Um elemento desempenha o papel do indivíduo atrapalhado e os demais são os colegas que reforçam seu papel de vítima. Se as pessoas não riem dele, não reforçam as idéias de vítima que ele desenvolveu. Ele acaba não realizando mais esse tipo de comportamento – vítima – que é próprio do jogo *Perna-de-pau*.

10. Faça uma análise de todos os jogos que você estudou, com seu grupo. Cada um deverá verificar quais os jogos que vêm utilizando. O grupo deverá propor medidas de reformulação dos jogos.

11 Resolvendo Problemas e Tomando Decisões

– Bem... você tem um problema. Eu sou assaltado por problemas. Enfim, todos nos defrontamos, quase todos os dias, com os questionantes problemas.

– O que vem a ser um problema?

– Entende-se que problema é um desvio ou desequilíbrio entre o que *deveria acontecer* e o *que realmente está acontecendo*.

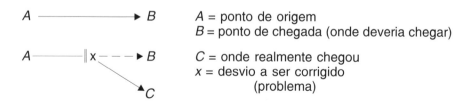

Vamos supor que fosse um carro percorrendo uma estrada. Partiu de *A* e esperava-se que, dentro de quarenta minutos, chegasse a *B*.

Figura 11.1 *Um problema – um desvio a ser corrigido.*

Por uma razão qualquer (motor, gasolina, acidente...) o carro não chegou a *B* e desviou-se do itinerário. Houve um desvio no itinerário, no ponto *x*. Isso é um problema. Houve um evento (*x*) que produziu um desequilíbrio.

Por que ocorreu a mudança?

- Problema de motor?
- Falta de gasolina?
- Acidente?
- Interrupção da estrada?

O interessante é como você vai processar as informações, se você encontrar-se no ponto *B*. O carro deveria realmente estar em *B* e, após cinco horas, ainda não chegou ao destino.

Se você diz:

- Acho que foi o trânsito...
- Na minha opinião o carro quebrou...
- Acho que faltou gasolina...

Você estará tentando resolver o problema por adivinhação.

Em sua casa, seu filho teve uma nota baixa no boletim, na escola, o professor expulsa um aluno da classe, no trabalho, o operário chega atrasado.

Vamos perguntar:

- Nota baixa...
- Aluno expulso da classe...
- Atraso...

Esses eventos são *sintomas* que podem identificar um problema ou são propriamente o *problema*.

A nota baixa de seu filho *apenas* pode ser sintoma de:

- falta de estudo;
- deficiência em uma disciplina;
- tempo muito longo dedicado à TV;
- dificuldade em ler;
- metodologia inadequada do professor;
- rejeição da escola pelo aluno.

Você pode perceber que a matéria-prima na análise de um problema é a *informação*. Na administração, ela é fundamental, isto é, informação a respeito de sua organização, de seus funcionários. O mesmo acontece com os problemas na escola, na clínica, em sua casa.

- Quais as informações que você tem e quais as que você não tem? As informações que você tem:
- É a primeira vez que o aluno foi posto fora de classe?
- Esse professor sempre age assim?
- Essa medida traz resultados?
- O aluno será corrigido com essa punição?
- Esse comportamento do professor revela insegurança do mestre em sala de aula?
- Quais são as informações importantes e pertinentes ao caso?
- Qual a informação mais válida?

Para analisar um problema, precisamos de um sistema organizado de processamento de informações.

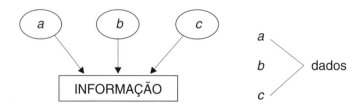

No caso da nota baixa no boletim, se você tentar solucionar *apenas* o problema da nota, você poderá cair em uma armadilha, ao tentar equacionar um sintoma, em vez de resolver um problema.

- Meu filho, hoje, por castigo, você fica sem ver TV.
- Vou cortar sua mesada, esta semana.
- Você não vai sair no domingo.

Você tem que saber o que está errado, antes que possa começar a corrigir.

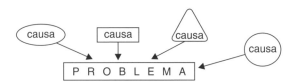

- Qual é o problema?
- Qual é a causa do problema?

Há uma seqüência de eventos a seguir na análise de um problema. Assim:

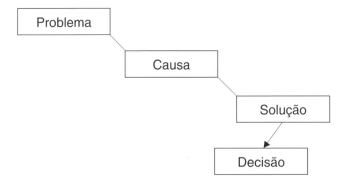

- Qual a melhor providência a ser tomada para corrigir a distorção causada por um problema?
- Atribui-se como melhor providência *a análise eficaz do problema*. Você deverá responder às perguntas:

O que é?

O que fazer?

Quando fazer?

Informações

160 RELAÇÕES HUMANAS

Figura 11.2   *O importante é o que fazer.*

UTILIZAÇÃO DAS INFORMAÇÕES

Em *o que é* você pode verificar, pelos exemplos, que definiu o problema e o limitou. Quanto mais você restringe um problema, mais fácil se torna para ser resolvido.

Verificou se o problema não é apenas um sintoma indicativo de um outro problema?

Agora que você já sabe qual é o problema, o que realmente está acontecendo, qual o desvio que causou a situação problemática, você poderá partir para:

– *O que fazer?*

Você poderá partir para duas etapas:

a. *análise do problema* (como chegar às causas);
b. *tomada de decisão*.

Figura 11.3 *É um problema ou sintoma de um problema.*

Vamos supor que o rendimento de seus alunos, numa classe, esteja caindo, o que não vem acontecendo nas outras.

Resta perguntar:

– Quais são os *problemas alternativos*? (Procura do *o quê*.)

1. Você tem faltado muito às aulas, nessa classe?
2. Os alunos estão em fim de ano?
3. Os assuntos não têm sido bem estudados?
4. Os alunos não têm estudado?
5. A matéria não está motivando?

Vamos fazer o diagnóstico e analisar as hipóteses 1, 2, 3, 4 e 5. Verificando cada hipótese (cada evento) você constatou que os alunos estão faltando muito e isso tem prejudicado o rendimento, já que o mesmo não acontece na outra classe que você dá aula.

Então, o problema não seria *queda do rendimento*. Esse é apenas um sintoma da doença. E qual é então a doença, o problema?

– Os alunos não têm comparecido às aulas.

Esse é o problema que você vai começar a tratar para poder tomar uma decisão.

Levantando *o que é* você passa agora ao *o que fazer*.

O rendimento caiu em virtude da baixa freqüência dos alunos à escola.

Nesse problema, de relacionamento humano, interpessoal, talvez estejam envolvidas causas decorrentes de frustrações, tensões, desinteresse e falta de motivação.

Uma vez que o problema foi identificado e as causas levantadas, você poderá estabelecer um elenco de soluções provisórias e prever as conseqüências da tomada de decisões em cada uma das soluções propostas.

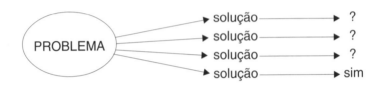

Aqui você estaria pensando em *o que fazer* e também em *quando fazer*. Colher as *informações* que você deverá utilizar e testar em termos de *como usar*.

Às vezes, ouvimos:

– Minha experiência pessoal é melhor guia para uma solução de problemas. Tenho *faro*.

Essa pessoa, em que pese sua intuição, está muito sujeita a erros. *Experiência pessoa* e *opinião especializada* são critérios mais fáceis de utilizar, porém não inspiram tanta confiança como as análises e pesquisas detalhadas.

Você verificou que, quando surgiu um problema, partiu para a análise e para o estudo, em duas etapas essenciais:

a. estudo dos problemas, para levantamento de soluções; e
b. tomada de decisões.

Na *primeira etapa*, você trabalhou em:

– formulação do problema;
– elaboração de hipóteses;
– testagem das hipóteses;
– estudo das conseqüências das soluções propostas; e
– avaliação das soluções propostas antes da tomada de decisão.

Na *segunda etapa*, você planejou a solução mais viável, e avaliou as conseqüências.

Você fez antecipadamente a pergunta:

– Que informações devemos procurar, a fim de determinar se nossa ação está ou não alcançando os resultados desejados?

Verificou-se que o rendimento em sua disciplina está caindo, em função das faltas dos alunos, que estão sendo causadas porque seu estilo de aula acarreta tensionamentos nos discípulos.

Você procurou reformular seu comportamento nas aulas e passou a observar a freqüência dos alunos, a fim de saber se:

– *Minha ação está ou não alcançando os resultados desejados?*

– Bem, escolhida a decisão mais válida para a solução do problema, você ou seu grupo decidem por uma *tomada de decisão.*

VAMOS AGIR

É preciso que você saiba (ou seu grupo) COMO a decisão foi tomada, que tipo de clima de trabalho se estabeleceu na elaboração da tomada de decisão.

Foi por...

Pluf

Uso de Autoridade

Pressão da Minoria

Votação

Consenso

A decisão *pluf* de um grupo ou sua é aquela em que alguém sugere uma idéia e, antes que ela seja discutida, debatida, pensada, analisada em seus passos, alguém sugere outra que, como bolha de sabão, se desvanece ou estoura – *puf.* Depois mais outra... ou nenhuma decisão é tomada ou alguma é tomada ao acaso.

– Senti que a minha sugestão foi *pluf*..., estourou.
Ninguém a levou em consideração.

164   RELAÇÕES HUMANAS

- Numa reunião de professores, para solucionar o problema da queda do rendimento, talvez surjam dezenas de bolhas de sabão ou bexigas com coloridos comunicativos diversos:

- Na minha opinião...

- Eu acho...

- Se eu fosse você...

- Nesse caso, eu sempre agi...

A decisão pode ser dada pelo *uso da autoridade*. Muitos grupos que têm uma forte estrutura de poder deixam a decisão ao presidente, ou à pessoa que enfeixa maior autoridade.

- Acho que o Diretor poderá dizer o que eu devo fazer, no caso do baixo rendimento dos alunos. Vou apresentar-lhe o problema e pedir sua sugestão.

- Tenho um problema muito sério, vou levar ao meu psicólogo para resolver.

- Esse empregado tem faltado muito. Vou levar ao setor do pessoal para uma tomada de decisão.

A decisão pode ser *tomada por uma minoria*.

É comum ouvir:

- Alguém tem alguma objeção?... Não? Então vamos pôr em execução o plano que propus.

- Como presidente, acho a idéia do Paulo ótima. Alguém é contra? Ninguém? Ótimo, vamos pô-la em execução.

- Alguém tem alguma sugestão? Se ninguém discordou é porque todos concordaram com a idéia. Quem cala consente. Vamos em frente. Bem, cada um já deu sua opinião. A minha, como presidente, é a seguinte...

Verificou-se que uma ou duas pessoas empregaram táticas que levam à ação, sem o consentimento da maioria. São formas de agir que boicotam o pensamento dos opositores.

- A verdade é que não concordamos, mas há fortes pressões de alguns membros do grupo para que nós fiquemos calados e deixemos as coisas correrem, mesmo que não concordemos.

A decisão pela *maioria por eleição* ou *aclamação* também não é democrática.

Quando, após a discussão de um assunto, você procede a uma votação, isso poderá criar barreiras psicológicas, como:

– O período de discussão foi suficiente para que eu fizesse valer meu ponto de vista.

– Fui mal interpretado em minhas colocações e a votação não vai me convencer de que não tenho razão.

– A votação provocou uma divisão do grupo. Uns estão do lado da Mirza e outros do lado do Mílton. Há dois partidos. Há uma competição. Se o grupo da Mirza perdeu na primeira rodada, vai ganhar na segunda votação.

– Bem, perdemos a discussão, mas vamos fazer o possível para que não dê certo a decisão adotada.

– Isto não é um tribunal para a gente concordar com a decisão da maioria. Não concordo e vou sabotar.

Um dos métodos mais eficientes é a *decisão por consenso*, que se baseia no fato de que todos no grupo tiveram oportunidades para influenciar a decisão por meio de comunicação aberta e de um clima favorável. Após a discusão e as sugestões oferecidas, foi definido que os membros que não concordassem com a alternativa da maioria a tivessem entendido e estivessem decididos a apoiá-la. O indivíduo que não participou da decisão da maioria, poderia dizer:

– Eu não faria o que a maioria decidiu fazer. Pessoalmente tomaria outra atitude. Tive oportunidades para defender meu ponto de vista, mas não consegui resultados. Concordo, porém, com os resultados e aceito o que a maioria vai fazer.

Quando a decisão, no entanto, é por *unanimidade*, chega-se à decisão lógica. Ela, porém, dificilmente é atingida e demanda muito tempo de discussão.

EXERCÍCIOS

1. Um processo para resolver problemas, muito utilizado pelas empresas, é denominado "Treinamento de Problemas dentro da Indústria" (TWI) e conta com os seguintes passos:

   a. receba e defina a natureza do problema;

   b. obtenha os fatos;

   c. analise e decida;

   d. experimente uma solução;

   e. acompanhe o caso.

166   RELAÇÕES HUMANAS

Numa indústria há um problema muito sério chamado *a hora do cafezinho*. Os empregados tinham 20 minutos para tomar um café, mas a volta ao trabalho era retardada além do tempo prefixado.

Você, como chefe, recebeu esse problema. Como ele será tratado, segundo os passos citados. Discuta com o grupo.

2. Em alguns empregos como de escritório e trabalho de secretária, a mulher está em maioria. Em outros, a situação da mulher é de inferioridade, por causa de suposta superioridade do homem.

Numa empresa, um homem e uma mulher desempenham a mesma função e ocupam o mesmo cargo, mas o homem ganha mais.

Estude esse problema dentro da análise de problemas propostos no texto.

3. Um menino de quatro anos recusa-se a comer alimentos salgados. Só se alimenta de doces.

Discuta com seu grupo esse problema. O que seria aconselhável pesquisar? Esse fato é um problema ou apenas um sintoma?

4. Um jovem casal que viveu muito feliz durante cinco anos de casamento, começa agora a ignorar-se. O esposo mal conversa com a esposa, que se tornou muito agressiva e desleixada no vestir.

Que outros dados seriam necessários para analisar este problema? Defina, com seu grupo, o problema.

5. Nos últimos anos tem havido interesse, cada vez maior, pelo problema da discriminação contra os empregados mais idosos, acima de 45 anos de idade. Essa preocupação está relacionada a problemas como:

    a. recusa em contratar pessoas acima de 45 anos de idade;

    b. aposentadoria a pessoa de mais de 60 anos, ainda que estejam produzindo.

Reúna-se com seu grupo e apresente um relatório, que será enviado a um jornal, em que se faça a análise do problema.

6. Os comportamentos mais comuns de um indivíduo que rejeita uma mudança são:

    a. indiferença;

    b. agressão;

    c. resistência passiva.

Um professor pediu a alguns alunos que não tinham acertado o exercício que ficassem na classe, durante a hora do recreio, como castigo. Os alunos quimaram, durante esse período, os papéis que estavam no cesto do lixo.

Que tipo de comportamento é esse? Qual será a causa desse problema? Os alunos seriam os responsáveis?

7. Fala-se que é difícil uma pessoa aceitar mudanças. Quando as pessoas sentem que devem mudar seu comportamento, sem qualquer razão aparente, tendem a tornar-se mais teimosas na oposição.

Imagine uma situação de mudança em que você esteve envolvido. Quais os problemas que isso lhe causou. Peça a seus colegas que façam o mesmo. Depois, discutam e analisem as causas do problema *mudança de comportamento*.

8. Todas as mudanças envolvem a desistência do familiar pelo desconhecido e do certo pelo duvidoso.

Faça, com seus colegas, entrevistas com alunos transferidos de outras escolas.

– Como se sentiram na nova escola?

– Como aceitaram a mudança?

– Quais as dificuldades de adaptação?

– O que foi feito para que eles se adaptassem ao novo ambiente?

– Como foram recebidos pelos novos colegas, professores e diretor.

De posse dessas informações, estude o problema e proponha soluções alternativas. Escreva um relatório a ser encaminhado ao diretor de sua escola.

9. Numa escola, na aula de Estudos Sociais, os alunos vêm apresentando problemas de disciplina em classe.

Que outras informações você colheria para esclarecer, definir e delimitar esse problema?

10. Uma menina apresentou-se chorosa às colegas, dizendo que o namorado tinha brigado com ela.

– Ele brigou comigo só porque eu estava usando batom.

Isso é um sintoma ou um problema?

Que outras informações você colheria para uma análise mais detalhada do problema?

12 LÍDER E LIDERANÇA

Liderança e líder são palavras muito usadas hoje. Os oradores, os políticos, os empresários, os gerentes, os professores empregam expressões como:

- Esse menino é um líder nato.
- Esse político não tem liderança nenhuma.
- Para dirigir bem é preciso ter liderança forte.

O que vem a ser liderança? O que é um líder?

Pensava-se que uma pessoa já nascia com as qualidades de líder:

- Puxa, tem boa voz, conversa bem, tem boa aparência, é inteligente. Vai ser um deputado.

Esses eram os chamados *líderes carismáticos*, capazes de impressionar o povo, as multidões, como os grandes cantores e os artistas de televisão.

- Sou capaz de ir com ele até o inferno.

Porém, os pesquisadores não concordavam com tais características e um *bom líder*, e mais de 100 traços de personalidade foram alinhados para classificar um líder.

CARACTERÍSTICAS DE UM LÍDER

Começou a verificar-se que os líderes, ainda que tenham excelentes qualidades para dirigir, não trabalham sozinhos. Precisam lidar com seguidores, subordinados, dirigidos.

Em razão disso, passou-se a pensar não apenas no líder, mas também nas pessoas que são lideradas.

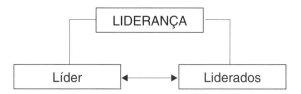

Há um provérbio que diz:

"Quando o rei tem dor de barriga, quem sofre é o povo."

Isso leva a crer que os subordinados sofrem os efeitos das dificuldades por que passam os governantes.

- Você já sentiu as dificuldades que teve para trabalhar com um chefe (líder) inseguro, tenso, irritado?
- Você pensou na secretária que sofre os efeitos do mau-humor do seu chefe? E na criança que sofre com os problemas do professor que ganha salário de fome ou se irrita quando a gasolina sobe?

Em razão disso, a liderança começou a ser avaliada em função de três fatores:

a. o líder;
b. os liderados;
c. a situação.

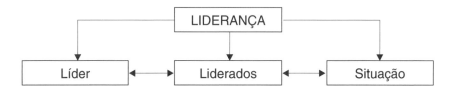

Esse estudo da liderança passou a chamar-se *situacionista* ou *situacional*, isto é, as qualidades, as características e as habilidades exigidas de um líder são determinadas pela situação em que ele deve agir. A situação cria o líder.

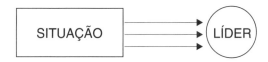

Numa situação qualquer, o líder mais eficaz é aquele que melhor satisfaz as necessidades de seus seguidores. Assim, o professor poderá ser um bom líder na sala de aula, embora não seja capaz de liderar dentro de sua casa, mais bem chefiada pela esposa.

O líder político não é eficaz na liderança de uma sala de aula.

Quando vamos estudar liderança, temos de verificar três fatores importantes:

1. O líder e seus traços de personalidade.
2. Os seguidores (liderados) com seus problemas, comportamentos e necessidades.
3. A situação do grupo em que seguidores e líderes se relacionam entre si.

Como poderíamos definir a palavra *liderança*?

– Ela vem do verbo inglês *to lead*, que significa conduzir, guiar, comandar, pilotar, levar, dirigir, governar, capitanear, mostrar o caminho, dominar-se.

Apesar de o verbo inglês ter amplo significado, os autores têm admitido, como conceito de liderança:

"Liderança é a *influência interpessoal* exercida numa *situação*, por intermédio do *processo de comunicação*, para que seja *atingida uma meta*."

Figura 12.1 *A influência interpessoal exercida pelo líder afeta o comportamento do grupo.*

Se um avião fez uma aterrissagem forçada numa floresta, até então o comando (liderança) era do piloto. Agora, nessa *situação*, para *atingir uma meta* (escapar da floresta), a *influência sobre as pessoas* (interpessoal) passa a ser exercida por um passageiro ou tripulante que fez um curso de salvamento na mata e que conhece o *processo de comunicação* na floresta.

Mudou a situação, mudaram as necessidades dos liderados, o processo de comunicação também agora é outro; logo, a liderança passou a ser exercida por outra pessoa.

ANÁLISE DO CONCEITO DE LIDERANÇA

Vamos analisar o conceito de liderança.

1. Influência interpessoal

Quando alguém tenta afetar o comportamento de uma pessoa está exercendo uma *influência interpessoal*.

Isso acontece nas relações entre:

a. superior – subordinado;

b. consultor – cliente;

c. vendedor – freguês;

d. professor – aluno;

e. conselheiro – aconselhado;

f. marido – mulher;

g. esposa – esposo;

h. pai – filho.

– Vamos, meu filho, vamos estudar, amanhã é o dia da prova.

– No seu caso, eu procuraria ter um diálogo mais franco com ele.

– Este xampu para crescer cabelo é excelente, todos os artistas carecas da televisão estão usando.

– Olha, você deve aprofundar-se no estudo do Inglês, leva jeito viu, leva jeito.

Você está notando que a liderança está-se desenvolvendo como um processo de influência interpessoal (entre pessoas) e não apenas com as *pretendidas* qualidades de um líder.

172 RELAÇÕES HUMANAS

O papel da pessoa que influencia o relacionamento (liderança) pode passar de uma pessoa para outra. Ora um é o influenciador, ora é o outro.

– José, meu bem, você precisa cuidar-se e deixar de fumar. (Mulher influenciando o marido, na relação interpessoal.)

– Bem, Márcia, estou de acordo. Deixo de fumar, desde que você não coma mais doce. (Marido influenciador.)

É importante assinalar, no estudo da influência interpessoal, que há diferenças entre *liderança* e *poder*. Uma pessoa pode ter poder e não desempenhar a liderança. É o caso do indivíduo que emprega força física, pressão social, coação moral, pressão de lei ou pressão de autoridade para mandar.

– Eu obedeço enquanto ele está perto, mas, assim que ele sai, faço tudo ao contrário.

Esse subordinado, em sua comunicação, está demonstrando que seu chefe tem *poder situacional* (quando está presente), mas não tem capacidade de influência interpessoal.

2. A situação

Os grupos dos quais você participa sofrem mudança de situação em diversos momentos de sua vida. Em qualquer ambiente de trabalho, existem sempre altos e baixos, períodos de maior ou menor pressão.

Essa transformação da atmosfera psicológica do grupo é o principal fator a exigir a capacidade de adaptação do líder. As alterações que afetam o grupo exigem uma reformulação do comportamento do líder.

As condições de uma situação podem influenciar o desempenho da liderança, desde os problemas físicos da sala onde se encontra o grupo até os problemas de organização. Assim, os ruídos, os móveis, a luz, o ambiente podem afetar o relacionamento entre o líder e os elementos do grupo, e destes entre si.

– Está horrível trabalhar nesta sala. Com esse barulho de avião não consigo que meus alunos prestem atenção. Vamos falar com o Diretor. Ele não se move, não liga.

– Chefe, não dá pra trabalhar com esse vento frio entrando na sala. Não há pingüim que agüente. Não dá para providenciar um ar condicionado?

3. Processo de comunicação

O líder eficaz utiliza a comunicação como um meio de enviar mensagens e de levar os liderados a agir.

Um dirigente poderá dizer:

– Retire-se da sala!

O dirigido diz:

– Entendo o que você disse. (O dirigido, no entanto, permanece na sala.)

Esse dirigente foi compreendido, mas não teve êxito em modificar a atitude do seguidor; portanto, não exerceu uma liderança eficaz. Não conseguiu bater na tecla certa para influenciar o subordinado.

4. Atingir uma meta

Quando o líder consegue levar o indivíduo a realizar o que ele (líder) pretende, diz-se que influencia o subordinado no sentido de *atingir as metas*.

Um grupo de adolescentes deseja organizar um conjunto de *música pop* – esta é sua meta. A liderança eficaz – de um professor, de um membro de grupo, de um maestro é aquela que:

- com influência interpessoal,
- nessa situação (numa escola),
- por meio da comunicação,
- consegue atingir a meta: "levar os estudantes (liderados) à organização de um conjunto musical.

Figura 12.2   *A eficácia de um líder depende de sua sensibilidade e gestão situacional, bem como de sua flexibilidade de estilo.*

Você verificou que, ao pensar em liderança, alguns pontos devem ser observados. Por exemplo:

1. *O subordinado*. Não existem dois indivíduos ou dois grupos iguais. As diferenças existentes entre eles e os efeitos que tais diferenças exercem sobre os métodos utilizados para orientá-los precisam ser entendidos.

2. *O grupo*. O caráter de um grupo exerce influência sobre seu método de dirigi-lo. As características que determinam as diferenças entre um grupo e outro lhe darão a chave para a escolha de determinado método.

3. *A situação da liderança*. A vida de um grupo tem altos e baixos, situações em que a atividade e a pressão podem aumentar ou diminuir. Será explicado até que ponto o método de liderança deve mudar, de acordo com a situação.

4. *Sua própria personalidade*. Você mesmo, a espécie de pessoa que você é, freqüentemente é o fator de maior importância em seu método. Você poderá chegar a uma conclusão apenas através de seu próprio comportamento, projetado na situação.

Resumindo:

LI	Influência interpessoal
DE	Situação
RAN	Processo de comunicação
ÇA	Meta a ser atingida

AVALIAÇÃO DA EFICÁCIA

Como se pode saber se um líder é eficaz?

A eficácia de um líder é avaliada pela realização dos objetivos (metas) do grupo.

– Puxa, ele conseguiu convencer os operários a trabalharem com mais entusiasmo.

A eficácia de um líder também poderá ser avaliada de acordo com o grau de influência que exerce sobre seus seguidores para a consecução dos objetivos do grupo.

– Com o Sílvio, eu topo qualquer parada. Sou capaz de ir a pé até Atibaia, no sítio dele.

Por outro lado, quais seriam as *principais qualidades de um líder considerando eficaz*?

a. Ele deve saber como *ler a situação* (sensibilidade situacional);
b. deve ter a habilidade de mudar uma situação, se necessário, ou de reformulá-la (habilidade de gestão situacional);
c. deve ter *flexibilidade de estilo*, isto é, capacidade de mudar o estilo de liderança conforme as circunstâncias.

Quando o líder é capaz de perceber a situação, entender seus seguidores, compreendê-los, diz-se que tem sensitividade percepcional; ou ainda, situacional ou social.

- Puxa, como ele entende a gente. Parece que "lê em nossos olhos"!
- Ainda outro dia, ele foi capaz de sentir que a classe estava tensa com a prova de Matemática e por isso conversou muito com a gente.
- Ele sabe distinguir o que é importante para nosso grupo.

Quando o líder for capaz de *ler a realidade* do grupo...

- Puxa, parece que ele lê o que acontece com a gente!

...quando for capaz de entender a situação, os seguidores, ou de compreender as barreiras de comunicação, de descobrir as metas desejadas, ele estabelecerá o que se chama *mapa psicológico do grupo*.

Quando uma pessoa tem a sua disposição um repertório grande de comportamentos e sabe usá-los no momento adequado, diz-se que tem flexibilidade de comportamento ou de estilo.

- Ele tem sempre a solução precisa no momento exato.

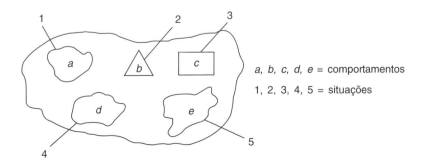

O indivíduo que tem idéias fixas e preconceitos firmados é inflexível nos julgamentos e não tem condições de liderar. Você já ouviu aquela pessoa que diz:

- A mocidade de hoje está perdida...
- Este mundo está perdido. Ninguém tem responsabilidade.
- As mulheres não são capazes de pensar.
- Não acredito em homem de cabelo comprido. Tem idéias curtas.

Figura 12.3 *A sensitividade percepcional, ou situacional, ou social são fundamentais a um líder eficaz.*

Essa pessoa é rígida, inflexível e não tem condições de liderar com eficácia.

Finalmente, tais atributos não levam um líder a ser eficaz e a desempenhar sua liderança. É preciso que ele aja, é preciso que atue. Isso se chama *experiência* ou *gestão situacional*, isto é:

- *Gestão*: gerir, atuar. Essa palavra dá origem a *gerente*, que é sinônimo de líder.
- *Situacional*: de situação, de momento, isto é, *aqui e agora*.

ESTILOS DE LIDERANÇA

Quando um grupo reúne-se tem em mira um objetivo.

- Bem, nós estamos reunidos para decidir sobre a eleição dos sindicatos.
- Olha, essa reunião tem por meta resolver o problema de nossa viagem.

Por outro lado, quando o grupo está reunido, surgem problemas de relacionamento interpessoal.

– Bem, estamos percebendo que existem sérias divergências entre Leo e Lia, neste grupo.
– Há problemas de conversas paralelas neste grupo.

Isso leva a crer que há grupos cuja liderança está orientada para a tarefa, e grupos orientados para as relações humanas.

O líder (ou gerente) poderá, dirigindo um grupo, preocupar-se com a tarefa ou com as relações entre os membros da equipe. Assim:

- *Orientado para tarefa (OT)*. O líder dirige seu esforço e o de seus subordinados com a finalidade de alcançar o objetivo proposto pelo grupo.
  – Vamos trabalhar, minha gente, precisamos terminar nosso trabalho, hoje sem falta. Nada de moleza ou desculpas.
  – Vamos organizar as fases da pesquisa.
  – Vamos programar nossas metas. Nada de indecisão.

- *Orientado para as Relações Humanas (OR)*. O líder estabelece relações pessoais no trabalho e propõe-se a ouvir, a confiar e a encorajar.
  – Você está se sentindo bem, Marcos? O trabalho é muito cansativo? Quer fazer uma pausa?
  – Que bom, Carlos, você está noivo e amanhã irá visitar seus parentes, no interior.

Assim, você vai encontrar líderes, chefes, gerentes, professores, pais que estão muito *relacionados* a seus alunos, seus subordinados, seus filhos; estão muito preocupados com o comportamento que adotam. Irá encontrar líderes que são *integrados* exclusivamente ao trabalho, à tarefa; e, finalmente, aqueles *dedicados* tanto à tarefa como aos subordinados.

CLASSIFICAÇÃO DOS LÍDERES

A exposição feita anteriormente leva-nos a classificar os líderes.

Líder de comportamento ou estilo

- *Dedicado*. Pensa muito na tarefa e pouco nos liderados.
  – Que Caxias é esse cara. Só pensa no trabalho. No dia de seu casamento ele veio trabalhar!

178 RELAÇÕES HUMANAS

- *Relacionado*. Pensa muito nos subordinados e pouco na tarefa.
  – Vocês estão bem? Mário, resolveu seu problema com a esposa? E os filhos, como vão? Manuel passou no vestibular?

- *Integrado*. Preocupa-se não só com a tarefa, como também com os subordinados.
  – Bem, sei que vocês estão com um problema muito sério. Vamos dar 20 minutos para discutí-lo; depois, vamos trabalhar.

- *Separado*. É desligado das obrigações da tarefa e das relações interpessoais.

EXERCÍCIOS

1. Preencha o gráfico a seguir, estudando a atuação de líder: *relacionado, integrado, separado* e *dedicado*, com cores:

    vermelho – bastante
    amarelo   – pouco
    marron   – médio

    Mostre a seus colegas ou amigos. Discuta seu gráfico com eles.

Relacionado	Integrado
Separado	Dedicado

2. Afirma-se que os líderes usam diferentes meios de comunicação para com os liderados, de acordo com seu estilo. Assim:
    a. o *relacionado* conversa com seus subordinados;
    b. o *dedicado* dá ordens verbais;
    c. o *integrado* convoca reuniões;
    d. o *separado* dá ordens por escrito.
    Como é seu chefe, seu professor? Que tipos de comunicação ele usa?

3. Como seu superior julga os subordinados? Procure observar se ele está interessado em verificar os seguintes pontos:
    a. quem segue as regras;
    b. quem compreende os colegas, os superiores;
    c. quem produz, rende, trabalha;
    d. quem está a fim de integrar-se na equipe de trabalho.
    No caso *a*, ele é líder *separado*; no *b*, *relacionado*; no *c*, *dedicado*; no *d*, *integrado*.

4. Se você errou ou teve um comportamento que não foi bem aceito, o que costuma dizer seu chefe:

   a. Mais cuidado, mais controle.

   b. Ora, passe por cima. O importante é o que significa para você o que você faz.

   c. Você vai ser punido. Não posso relevar erros.

   d. O seu erro deverá levá-lo a aprender a agir em grupo.

   No caso *a*, seu chefe teve um comportamento . . . .

   No caso *b*, teve um comportamento . . . .

   No caso *c*, o estilo de liderança foi . . . .

   Na resposta *d*, o comportamento do líder foi . . . .

   Justifique as respostas.

5. Em sua empresa, em sua classe, em sua casa, você notou que o gerente, o professor, seu pai (ou mãe) apresentam uma das seguintes fraquezas:

   a. usa sua participação de forma não apropriada; faz muitas reuniões desnecessárias;

   b. pune exageradamente, por qualquer motivo;

   c. age com muito sentimentalismo, estabelecendo preferências pessoais;

   d. é escravo dos regulamentos, dos horários, dos compromissos.

   Como você classificaria esses líderes dentro dos estilos: separado, relacionado, dedicado e integrado?

6. Se você estiver dirigindo um grupo ou for dirigir futuramente uma equipe, o que acha mais importante em relação a sua atuação junto a seus subordinados:

   a. dar-lhes segurança;

   b. desenvolver cooperação;

   c. exigir desempenho e produtividade;

   d. desenvolver a necessidade de compromisso com os outros e com a tarefa.

   Como classificaria essas lideranças? Discuta com os colegas suas respostas.

7. Dizem que John D. Rockfeller, ao analisar um candidato a emprego, perguntou-lhe subitamente:

   – Você é um líder?

180 RELAÇÕES HUMANAS

O candidato, que era simples e bem intencionado, respondeu:

– Não posso dizer com certeza. O que é certo, e disso não tenho dúvidas, é que sou um bom subordinado.

Rockfeller pensou um instante e disse:

– Já existem nesta empresa muitos líderes. Existe, sim, um lugar para um bom subordinado. Está empregado.

Analise esse fato e a atuação do grande economista norte-americano. Quais as razões que o teriam levado a agir assim?

8. Discuta com seu grupo o problema seguinte e apresente soluções.

Um membro do grupo do qual você é líder diz-lhe que seu assistente imediato está aproveitando certas ocasiões para desacreditá-lo perante seu pessoal e seu superior. Que faria você?

   a. Livrar-se-ia do assistente?

   b. Diria ao informante que cuidasse de seus próprios negócios e deixasse os outros em paz?

   c. Conversaria com o assistente, para descobrir o porquê de sua atitude?

   d. Tiraria a limpo a informação para ver até que ponto é verdadeira?

   e. Adotaria outra solução, porque nenhuma das alternativas (*a, b, c, d*) é válida.

9. Discuta com seu grupo as idéias de Byrnes e Brown sobre liderança. São as seguintes:

"Não é *direito* interferir em assuntos pelos quais um subordinado é responsável. Você lhe solapa o amor-próprio.

Não é *direito* dar ordens pura e simplesmente. O certo é consultar e analisar o problema.

Não é *direito* exigir obediência de um subordinado. Isso destrói sua iniciativa.

Os casos acima exemplificam o principal dilema da liderança:

A maneira *certa* geralmente não produz resultados. A maneira *errada* geralmente os produz."

10. Auren Uris, ao tratar de liderança, cita uma interessante fábula de Esopo. Diz a fábula:

"Uma colônia de rãs, não satisfeita com a vida inútil que levava, pediu ao soberano Júpiter que lhes desse um rei (líder).

Júpiter, achando graça, jogou um tronco de madeira dentro do lago. Assustadas com o tremendo barulho das águas, as rãs fugiram em pânico. Passado o susto, porém, aproximaram-se cautelosamente daquele monstro que havia caído no lago. Vendo que o enorme volume permanecia imóvel, aproximaram-se mais dele e passaram a tratá-lo com o máximo desprezo.

Não satisfeitas com um chefe tão manso, tornaram a pedir a Júpiter:

– Mande-nos um rei que nos governe de verdade.

Aborrecido com as queixas, Júpiter mandou uma cegonha, que começou a engolir as rãs a torto e a direito. Depois de alguns dias, as sobreviventes começaram a implorar a Júpiter que as livrasse daquela praga.

– Diga-lhes, ordenou Júpiter, que são elas mesmas as culpadas do que está acontecendo. Quiseram um rei, pois que se arranjem agora. Cada povo tem o líder que merece."

Debata com seu grupo a fábula. Em que aspecto ela se aplica aos homens, em termos de liderança?

13 Relações Humanas na Família

E ELES SE CONHECERAM...

Talvez este seja o início mais comum de um casamento, ou o prefácio de um lar. Viram-se, ficaram perdidos de amor um pelo outro, em união tão sólida que esqueceram o mundo...

Mas... a união, o encontro, o amor são, às vezes, complementação de falhas. Assim:

– Você me completa naquilo em que me sinto deficiente.

Vejamos:

– João e Maria viram um no outro aquilo que esperavam, porque estavam atuando mais ao nível de suas defesas do que ao nível de seus sentimentos interiores.

	João	Maria
Externamente	forte, seguro, autoconfiante.	autoconfiante, extratensa, comunicativa, alegre.
Internamente	inseguro, desorientado, ansioso.	insegura, desorientada, ansiosa.

E ELES SE ENCONTRARAM:

João diz para ele mesmo: "Eis uma pessoa segura que pode cuidar de mim."

Maria diz para ela mesma: "Eis uma pessoa segura que pode cuidar de mim."

CASARAM-SE E...

... perceberam que não eram as pessoas seguras que tinham dado a impressão; daí...

FRUSTRAÇÕES, RESSENTIMENTOS, DESAPONTAMENTOS

O que aconteceu?

Ambos trabalharam com suas defesas. Revelaram seus mecanismos de defesa e não seus temores.

Raul e Regina conheceram-se. Regina viu em Raul a figura psicológica de um *pai protetor*, capaz de ampará-la. Um pai como não tivera. Raul viu em Regina aquela moça carinhosa, afável, meiga, uma mãe que não tivera.

Casaram-se desejando as qualidades que viram no outro e que não tiveram. Casaram-se completando as falhas de seu comportamento.

Às vezes, as pessoas casam-se com a imagem que têm da pessoa e não com ela mesma.

E ELES DESCOBREM AS DIFERENÇAS...

Eles descobrem que cada um é diferente daquilo que aparentava no período de namoro.

– Regina enrola os bobes à noite, antes de ir para a cama, o que me atrapalha o sono...
– Roberto é irascível, não gosta de ser contrariado.
– Regina não gosta de sair.
– Roberto costuma ficar fora com os amigos, aos sábados.
– Regina não me faz carinhos...
– Roberto nem sabe que existo, nunca se lembra de me dirigir um elogio.
– Regina e Roberto perceberam as

DIFERENÇAS

Essas diferenças, em vez de uni-los, contribuem para afastá-los cada vez mais.

184 RELAÇÕES HUMANAS

E a DIFERENÇA leva

à discórdia,

ao conflito,

aos insultos,

ao isolamento,

ao amuo.

Perceberam que têm preferências, hábitos, gostos, atividades e interesses diferentes.

Há áreas conflitantes: dinheiro, comida, sexo, recreação, trabalho, e relacionamento com parentes:

- Pensa que não sei que não gosta de minha mãe?
- É uma droga esse jiló, não sei por que você faz essa porcaria.
- Não adianta convidar você para ir ao teatro, você não vai mesmo, não gosta.
- Estou cansado de lhe dar dinheiro. Você gasta tudo em futilidades.

Você percebe que Regina e Roberto, antes de se casarem, tinham o que chamamos de PAPÉIS INDIVIDUAIS (ou de solteiro). Depois de casados, deveriam assumir PAPÉIS CONJUGAIS (a dois) e, mais tarde, PAPÉIS DE PAIS.

No entanto, estão cansados e não abandonaram ainda os papéis individuais (de solteiro) para assumir os papéis conjugais.

É certo que devem procurar algum tipo de EQUILÍBRIO.

O EQUILÍBRIO existe quando os dois pratos da balança comportam o mesmo peso.

Assim:

Conta corrente do EQUILÍBRIO, dentro da realidade do lar:

REGINA	ROBERTO
1. O que deseja?	1. O que deseja?
2. O que faz melhor?	2. O que faz melhor?
3. O que pensa?	3. O que pensa?
4. Do que gosta?	4. Do que gosta?
5. Como encara suas responsabilidades?	5. Como encara suas responsabilidades?

Assim, começam a aprender a expressar, em comum, seus pensamentos, desejos, gostos, sentimentos, *sem destruir, arrasar mesquinhamente o outro,* de forma a alcançar uma área comum de interesses.

– Bem, Regina, eu penso assim, é o que penso, certo ou errado.

– Tá bom, eu sinto assim, é a minha maneira de sentir.

– Aceito você como é, não importa que eu seja diferente.

– Ótimo, não culpo você pelo fato de ser como é; pelo contrário, acho isso muito importante para nós.

– Aceito também com prazer o que você tem a oferecer e não *o que queria que você oferecesse*.

– Bem, vamos ver, juntos, o que de real podemos estabelecer dentro daquilo que é e daquilo que sou.

Dessa forma, Regina e Roberto estabeleceram um relacionamento funcional entre ambos.

As pessoas que estabelecem relacionamento funcional podem, no entanto, discordar, isto é, *discordar de maneira funcional*.

Vejamos:

– Roberto, vamos jantar em um restaurante hoje?

– Vamos.

– Olha, vamos ao "Frutos do Mar", eu adoro camarão.

– Não, vamos ao "Frango que Canta", eu adoro frango.

– Assim não chegamos a um acordo. Hoje vamos comer camarão e, na próxima vez, comeremos frango.

– Tenho outra idéia, vamos ao restaurante "A Vaca que Muge" comer um filezinho que gostamos.

– Bem, sabe como nós vamos resolver nosso problema? Vamos ao "Restaurante da Esquina". Fica logo ali, a duas quadras, e cada um come o que quer.

Em vez de fazer acusações, ameaças, resolveram discordar funcionalmente, o que não abalou as relações matrimoniais. A comunicação não foi encoberta e disfarçada em acusações compensatórias.

– Ora, Regina faça como quiser, você sempre agiu assim. Não me aborreça que estou com sono.

– Tá, a única coisa que você consegue é me deixar com dor de cabeça.

Às vezes, os casais alheiam-se das situações em comunicações veladas que encerram um conteúdo significativo. Podem ocultar-se na desatenção, no álcool, no jornal, na novela, nas doenças e na ambigüidade.

Outras vezes, a comunicação é distorcida por meio de um comportamento a que os psicológicos chamam: *comportamento gangorra*.

186 RELAÇÕES HUMANAS

– Você não tem razão.

– Eu é que tenho. Você não sabe nada.

– Você é que pensa. Sei tudo. Você é que não se interessa.

– Ora, veja só. Eu me interesso, você é que não liga.

– Quem diz?! Eu ligo muito. Você é que vive no mundo da lua.

– Veja só. Se vivo no mundo da lua, você vive no mundo de marte.

Esses casais, tipo "gangorra", procuram muito as outras pessoas para que elas dêem razão a seu ponto de vista, reforcem-no e ajudem a criticar seu cônjuge como mau.

Vimos que podemos assumir o papel de PAI ou CRIANÇA (filho) em nosso comportamento. Isso pode acontecer, no casamento, em relação aos cônjuges.

– Diz a psicóloga Virgínia Safir que os casais, em determinado momento, acabam por assumir ora o papel de PAI, ora o de CRIANÇA (filho). Assim:

– Diz Roberto: "Aqui está minha vida, toma conta dela. Sou uma Criança indefesa." ("No entanto, gostaria que você não se atrevesse a fazê-lo.")

– Diz Regina: "Sim, está bem, meu filho (CRIANÇA), desempenharei o papel de sua mãe (PAI), e tomarei conta de sua vida." ("No entanto, gostaria que você mesmo fizesse isso, como ADULTO.")

Está claro que cada um assume ora o papel de protetor (PAI), ora o papel da pessoa insegura (CRIANÇA Adaptada). É certo, no entanto, que, em um matrimônio, ambos assumem o papel de ADULTO, ou um o papel forte e o outro o inseguro, para o equilíbrio dos contrastes. Cada um se comporta como se o fato de ser indivíduo e de ser marido ou mulher fosse incompatível: como se individualidade e casamento não pudessem combinar.

... E NASCEM OS FILHOS

Os filhos são uma condição de importância para o casal. As crianças alteram as condições da dupla. Os filhos podem representar segurança emocional e maior estabilidade econômica.

– Roberto está feliz porque sente que foi bem-sucedido, no sentido de satisfazer as expectativas dos pais e da sociedade.

– Está satisfeito porque sente que alguém irá carregar seu nome de família por muitos e muitos anos.

– Regina começa a desfrutar certas partes de sua vida de CRIANÇA, descobrindo no filho aquilo que fazia quando menina.

RELAÇÕES HUMANAS NA FAMÍLIA **187**

– Regina e Roberto poderão tentar corrigir seus erros e suas ansiedades do passado, procurando ajudar os filhos a não cometer os erros que cometeram.

– Regina pode sentir-se mais unida a Roberto e este àquela.

– Ambos se sentem mais seguros, porque percebem que já têm alguém que cuidará deles, quando velhos.

PORÉM...

PORÉM...

PORÉM...

...porém, Regina e Roberto podem estar questionando sentimentos em conflito, às vezes, não manifestáveis.

– Não planejaram ter o filho tão cedo.

– Estão economicamente despreparados para assumir responsabilidades na alimentação, no vestuário e na proteção do filho.

– Roberto sente o nascimento do filho como um novo encargo econômico para o qual ele não está preparado.

– Regina tem um emprego – do qual o casal depende e do qual gosta –, mas, devido ao nascimento do filho, deve renunciá-lo.

– Ambos estão despreparados emocionalmente para um terceiro membro na família.

– Roberto começa a perceber que Regina tem mais interesse pelo filho do que por ele.

– Regina dedica-se, na maior parte do tempo, à criança, esquecendo-se de Roberto.

Na sociedade moderna, a família sofre injunções que alteram ou modificam sua estrutura.

– O homem passou a ser um autômato, a fazer tarefas, deixando de ser pessoa humana.

– A mulher passou a assumir um papel rebaixado, devido ao fato de o valor ser medido em função do salário.

– A mulher sente que muitas de suas funções na educação dos filhos e no trabalho do lar foram absorvidas pelas instituições, como a escola, a indústria de alimentos, de eletrodomésticos etc., destruindo o sabor do viver em comum, com alegrias e deficiências que davam o *élan* à vida familiar.

188 RELAÇÕES HUMANAS

– O trabalho passa a exigir a mobilidade de famílias, de filhos que passam a procurar empregos melhores em outras cidades e estados, destruindo a tradição familiar.

– Os avós que desempenhavam papel importante no lar, na criação dos netos, no cuidado deles, e na transmissão de cultura foram substituídos por babás, creches e empregadas.

– Os homens vivem duas vidas, uma no trabalho e outra no lar, completamente distintas.

– Roberto passa a exercer o papel de quem ganha dinheiro, e cada vez precisa ganhar mais, para fazer frente às exigências do mundo tecnológico. À noite geralmente desempenha papel punitivo.

– O lar de Roberto é um simples dormitório e ele pouco participa das decisões de família.

– Os filhos identificam Roberto como uma pessoa ausente, cansada, desanimada, descrente, preocupada. É a partir dessa figura ansiosa, angustiada e descrente que formam o modelo de homem.

– As mulheres, se vivem em cidades, em cubículos de favelas ou de apartamentos, sentem-se segregadas, distanciadas, atormentadas por crianças presas e hipnotizadas pela televisão, única diversão o dia todo e todo dia.

– Se trabalham fora, os problemas aumentam, porque têm de deixar os filhos com babás, empregadas, vizinhos, parentes ou creches. Neste caso, são dois ausentes: o pai e a mãe.

– Bem, as relações humanas no lar estão mudando, porque a família vem sofrendo um impacto grande num mundo tecnológico crescente.

EXERCÍCIOS

1. Discuta, com seus companheiros de grupo, esta afirmação: "A ausência de discussão no seio da família pode constituir um sinal patológico, ainda que o observador superficial possa considerar uma prova de boa adaptação."

2. Um psicólogo introduziu, no tratamento de famílias com problemas, a pergunta:

    – Quem é o chefe da família?

    A uma família reunida fez essa pergunta. Seus membros entreolharam-se, ficaram por um momento em dúvida. Depois a mãe teve uma idéia brilhante e disse:

    – É a cozinheira.

RELAÇÕES HUMANAS NA FAMÍLIA **189**

Discuta, com seu grupo, a situação. Depois da análise, proponha soluções ao problema dessa família, em termos de relações humanas.

3. Examine, com os elementos de seu grupo, o diálogo a seguir. Dramatize-o, com duas pessoas de sexos opostos de seu grupo. Depois divida o grupo em dois subgrupos e solicite que eles analisem o problema e reformulem o diálogo.

   Roberto: "Regina, vamos ao cinema?"

   Regina: "Não, não há nada de bom para ser visto."

   Roberto: "Você tem certeza? Já viu o jornal?"

   Regina: "Já. Já li a seção de cinema."

   Roberto: "Então vamos ao teatro."

   Regina: "Não, estou com muita dor de cabeça."

   Roberto: "Então, vamos ver alguma coisa na televisão."

   Regina: "Ótimo, há um programa que eu queria ver hoje."

4. Diz um psicólogo que a criança não só aprende a responder ao comportamento dos pais, como aprende também a utilizá-los como modelo na escola, nas reuniões, com os amigos, como maneira de responder às solicitações. Se o pai é agressivo, o filho imitá-lo-á. Se é medroso, idem, se diz palavrões, também.

   Discuta, com seus colegas essa afirmação. Dê exemplos.

5. Procure responder, com os elementos de seu grupo, as questões a seguir e discuta as respostas discordantes.

   a. Um casal poderá manter-se em posição dependente com respeito aos pais da esposa ou do esposo?

   b. O marido deve assumir a posição de PAI, em seu lar, mesmo em relação à esposa?

   c. A esposa deve assumir o papel de MÃE, mesmo em relação ao esposo?

   d. No tocante ao afeto que a mãe dedica ao filho e o pai à filha, é justificável o ciúme do pai ou da mãe para com os filhos?

6. Pais autoritários, rígidos, geralmente sofreram abusos de autoridade de seus progenitores na infância.

   Discuta, com seus colegas, essa afirmação. Veja se está de acordo ou não. Coloque, no quadro, os sim e os não.

7. O primeiro filho tem um tipo de comportamento diferente dos outros. É mais responsável e é o de quem os pais exigem mais responsabilidade. Do

segundo filho espera-se outro comportamento. Em geral, é mais enciuma-
do, retraído ou agressivo, mais afetivo e dependente. O caçula é o mais
açucarado. O filho único tem suas características próprias. Reúna seu grupo e peça a cada um que identifique sua posição na família. Peça depois
que se descreva, em função de sua posição no drama familiar.

8. Se você é noivo (a), namorado (a), casado (a), estabeleça um paralelo de
    discordância funcional entre ambos. Assim:

    a. Peça que ele (ela) escreva suas preferências, gostos, desejos, hábi-
        tos, interesses etc.

    b. Escreva seus hábitos, interesses, preferências, gostos etc.

    c. Escreva o que você pensa que ele (ela) vai escrever sobre o que
        você pensa dele (dela).

    d. Peça a ele (ela) que faça o mesmo.

    e. Confrontem os resultados.

9. Analise esta afirmação com seu grupo. Discuta. Dê exemplos.

    "Torna-se uma necessidade dos pais dar aos filhos aquilo que nunca
    tiveram oportunidade de conseguir. Procuram os pais compensar as priva-
    ções pelas quais eles próprios passaram. Se os filhos não demonstram gra-
    tidão, ficam decepcionados."

10. O relacionamento entre irmãos é um aspecto muito importante nas rela-
    ções humanas no lar.

    Discuta esse problema em seu grupo. Apresente o problema a seguir e
    peça que os outros façam o mesmo:

    "Como ocorrem as relações humanas fraternas, isto é, as relações com
    meus irmãos?"

11. Teste do desenho da família.

    Os psicólogos, pedagogos, terapeutas familiares e pediatras têm utili-
    zado testes para a avaliação do relacionamento interpessoal na família.

    Solicita-se à criança, ao adolescente e mesmo aos casais que dese-
    nhem uma família.

    Após o desenho, em função dele, são lançadas as seguintes perguntas:

    • Quem são essas pessoas de sua família?
    • Quais são suas preferências?
    • Qual o melhor de todos em sua família? Por quê?
    • Qual o pior de todos em sua família? Por quê?
    • Quem é o mais feliz? Por quê?

RELAÇÕES HUMANAS NA FAMÍLIA   191

O desenho poderá ser feito numa folha de papel ou num espaço previamente determinado pelo examinador ou por uma pessoa da família, caso esta esteja interessada na análise das relações familiares no contexto onde vive familiarmente.

Vejamos um exemplo:

Instruções:

a. Coloque, no espaço a seguir, a representação de sua família, incluindo você.
   Gráfico de família (espaço de vida)

b. Localize, nesse espaço, os elementos de sua família, com os seguintes símbolos:
   - Pai   △
   - Mãe   ○
   - Irmãos   △△
   - Tio   ▽
   - Avô   ◊
   - Avó   8

c. Para indicar o que você sente pelas pessoas de sua família, use os seguintes sinais:
   Gosta de   ⎯⎯⎯→
   Não gosta de   - - - - - →
   Atração mútua   ←⎯⎯⎯→
   Distância   ∿∿∿∿→
   Bloqueio   ⎯⎯||||⎯⎯

   Nota: Você poderá dar colorido a cada uma das pessoas que você localizou em seu espaço de vida.

192 RELAÇÕES HUMANAS

Assim:

- Vermelho (ódio)
- Azul (afeto)
- Roxo (desprezo)
- Amarelo (indiferença)

A seguir, responda às questões:

a. Como você vê a união mãe e pai?

b. Como você vê a ligação com sua mãe, seu pai, seus irmãos? Seu tio? Seus avós?

c. Quem você considera perto, distante?

d. Com quem você se considera mais unido?

Também poderá ser feito um levantamento, em termos de símbolos, com a seguinte questão:

a. Como você sente seu grupo – família?

1. Uma flor (margarida, cravo, rosa etc.)?
2. Um animal? Qual?
3. Uma parte do corpo (coração, cabeça, mãos, peito, pernas)?

Notas:

1. Aquilo que o indivíduo interioriza não são objetos como tal, mas padrões de relacionamento, por meio de operações internas, sobre as quais e nas quais uma pessoa desenvolve e encarna uma estrutura de grupo.

2. O desenho ou o gráfico poderá ser realizado por toda a família. Após o desenho, cada elemento da família descreve o que representou e como ele viu a família.

   Os desenhos serão analisados e discutidos pelos elementos componentes do grupo, e medidas serão sugeridas e discutidas por todas as pessoas da família.

   Outras perguntas poderão ser levantadas, segundo a necessidade de clarear situações ou obter informações mais precisas:

1. Perguntar à criança – Quais são suas preferências (gosto – não gosto) e como você julga a preferência dos outros para com você?
2. Quem é o pior de todos em sua família? Por quê?
3. Quem você acredita que é o mais infeliz? Por quê?

4. Quem você prefere nessa família?
5. Que outra pessoa do desenho você desejaria ser? Por quê?

O desenho poderá ser realizado:

- a. Entre casais.
- b. Apenas com os filhos.
- c. Com a família toda.
- d. Em lugar das figuras humanas, poder-se-á solicitar que cada participante represente uma pessoa pelo desenho de um animal.
- e. Os desenhos deverão ser discutidos em família e servirão de roteiro para uma orientação familiar mais específica.

Observações:

Já, aos nove anos, as crianças pertencentes a níveis socioculturais elevados manifestam, por meio do desenho da própria família, maior dependência, melhor adaptação à realidade e uma orientação mais clara à realidade.

Contrariamente, as crianças procedentes de níveis socioculturais médios e baixos projetam mais freqüentemente idealismo, fuga da realidade e refúgio no mundo da fantasia e uma maior tendência à regressão.

Ambas as reações (classe baixa e média) parecem ser congruentes e depender de uma raiz comum de crianças dessa idade, como:

1. Medo à realidade, à vida.
2. Falta de confiança, o que levará as crianças ao conformismo, ao desinteresse, à resignação.

14 Os Grupos e as Relações Humanas

Todos vivemos em grupos: de família, de trabalho, de diversão, de clube, de igreja e outros.

Pode-se dizer que existe um grupo quando duas ou mais pessoas possuem:

a. certa interdependência;
b. certa unidade que pode ser reconhecida.

Fala-se de interdependência, quando umas pessoas dependem das outras, em seu relacionamento, na interação.

Num grupo há interação sempre que cada um dos elementos reage ante o comportamento de cada um dos outros.

Os elementos do grupo não só atuam uns sobre os outros reciprocamente como também atuam juntos de uma forma mais ou menos uniforme.

Pessoas juntas por si sós não formam um grupo. Há famílias que vivem juntas, mas não convivem juntas. O grupo forma um sistema aberto de interação. Há operários que trabalham juntos numa mesma seção, mas não formam grupo.

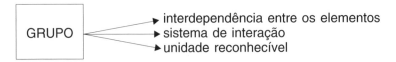

Nos grupos, os elementos têm um objetivo comum. Assim:

- Nós todos estamos interessados em trabalhar neste projeto.
- Nossa meta é comum, somos uma equipe que procura a solução do problema de trânsito.
- Nossa turma está interessada em se divertir.

O que forma um grupo de classe, numa escola?

O grupo de classe é um conglomerado de pessoas em situação de interação social. Não é apenas a relação de alunos na caderneta do professor, mas uma reunião de alunos com interesse comum em interação, como quando eles se reúnem para fazer um trabalho, não ir à aula, protestar contra um professor ou programar uma festa.

Quando os alunos estão próximos, sentados nas carteiras, em seus lugares, não estão unidos em grupo. A proximidade física simplesmente não forma um grupo.

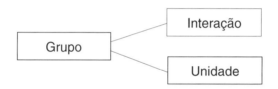

As características de um grupo podem ser verificadas, quando os participantes se reúnem:

a. por uma razão comum;
b. desenvolvendo papéis;
c. desenvolvendo simpatias, apatias e antipatias;
d. desenvolvendo normas e valores;
e. elaborando componentes normativos que passam a exercer ação uns sobre os outros;
f. formando uma estrutura organizacional.

Cada grupo adquire sua própria personalidade dentro dessas características.

- O nosso grupo é diferente dos outros. Achamos mais importante criar coisas novas que estudar apenas o que o professor dá.
- Nossa família é diferente, nossa meta é estudar Psicologia.
- Quais são as qualidades de um grupo?

Figura 14.1 *A interação pode ser verificada de pessoa para pessoa.*

INTERAÇÃO

Algumas pessoas reunidas transformam-se em grupo quando se verifica que cada indivíduo está afetado pelos outros indivíduos que compõem o mesmo grupo. Dessa forma, os indivíduos reagem com relação aos outros, por meio da interação.

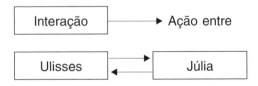

Ulisses responde a Júlia e Júlia co-responde a Ulisses. Pode acontecer que Ulisses esteja tentando chamar a atenção de Júlia. Esta, por sua parte, pode fugir de Ulisses e fazer todo o esforço para não atendê-lo.

– Meu bem, escute aqui, eu preciso falar com você.
– Não, agora não dá.
– Mas precisa ser agora...
– Olha, estou ocupada.

A interação, complexo de ações e reações compreende os meios pelos quais os indivíduos relacionam-se uns com os outros, levando a efeito tarefas de:

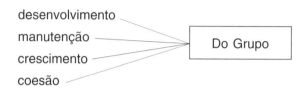

A interação poderá ser verificada entre:

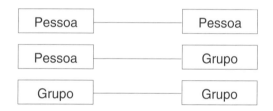

Precisamos verificar também as formas pelas quais esses membros exercem sua influência:

a. forma positiva;
b. forma negativa; e
c. forma neutra.

Assim, a interação refere-se às modificações de comportamento que se dão, quando duas ou mais pessoas encontram-se e entram em contato. Os indivíduos influem uns sobre os outros mediante o emprego de:

a. linguagem;
b. símbolos;
c. gestos;
d. postura.

Quando a mãe franze o cenho, a filha já entende a linguagem da recriminação. Quando o professor coloca as mãos na cintura e olha firmemente um menino, a interação não verbal significa repreensão.

Por *processos de interação* em um grupo, entendemos:

a. normas estabelecidas de estímulo e resposta entre indivíduos e grupos;
b. desenvolvimento de coesão, estrutura, normas e metas mútuas.

ESTRUTURA

Vimos que, para que um grupo exista, é preciso que haja interação entre seus elementos.

Quando os grupos começam a se formar, aparece normalmente uma hierarquia de valores e papéis a serem desempenhados. Surgem os líderes, os liderados, os bloqueadores, os animadores...

Isso significa *estratificação social*, pois há indivíduos acima e abaixo na hierarquia. Esses papéis, no entanto, podem mudar com o desenvolvimento do grupo. A liderança pode passar de um indivíduo para outro, conforme a situação ou o momento.

Quando o grupo é muito grande, pode dividir-se em subgrupos, mas não perde sua unidade. Assim, um grupo (A) pode dividir-se em subgrupos (a, b, c, d) sem, no entanto, perder sua unidade.

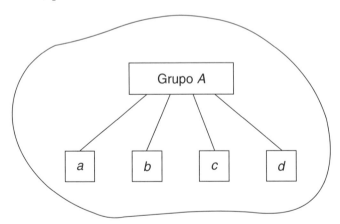

Na estruturação de um grupo, estabelecem-se:

a. normas de grupo;
b. relações entre os membros e destes com a liderança;
c. padrões aprovados de condutas;
d. sistemas de recompensa e punições;
e. sistema de comunicação.

A palavra *estrutura*, em sua origem, significa *o que constrói*.

Estrutura	O que constrói	Organização

A estrutura passa a ser a origem das leis que governam o grupo.

- Fica estabelecido que ninguém poderá chegar atrasado em nosso grupo.
- Quem não cumprir as normas de nosso grupo será afastado.

Sistema de *Status* numa Estrutura de Grupo

Logo que um grupo começa a se formar e a se estruturar, iniciam-se as diferenças entre os indivíduos. É o *status* que começa a estabelecer-se.

Chama-se *status* a medida de prestígio pessoal dentro do grupo.

- Fale com o Paulo, ele tem muito prestígio.
- Não adianta você falar com o Tobias, ele não manda nada.
- Se você precisa de alguém influente em nosso grupo, procure o Luís.

Então aparece um fator significativo no grupo, o chamado

Índice de Importância

A pessoa é tratada no grupo de acordo com seu *status*. Quando ele é alto, o indivíduo é recebido com consideração; quando é baixo, o indivíduo não é notado.

Num grupo organizado por firmas, empresas, escolas, o *status* é dado administrativamente ao grupo, por indicação ou nomeação.

Assim como o cargo, o salário também determina o *status* do indivíduo num grupo.

- Puxa, ele ganha 20 salários mínimos! É importante...
- Eu recebo $ 8.000,00, o Martinho ganha $ 8.200,00, mas isso é porque ele tem o segundo ciclo.
- Não... eu só recebo por mês... quem recebe por dia ou por semana não pára muito tempo na firma.

O horário de serviço é outro elemento de *status* no grupo.

- Eles entram às sete horas, são operários.
- Nós, da secretaria, entramos às 8 e os executivos às 9.

O local de refeição é outro elemento que marca o *status*.

- Em que sala de refeições você fica?
- Para nós há uma mesa reservada ali, naquele canto.

O local de trabalho também oferece distinções: o tamanho da sala e da mesa, as condições de limpeza, o número de telefones, secretárias etc.

O traje também é outro elemento de prestígio no grupo.

- Nós só trabalhamos de paletó e gravata.
- Não sei por que somos obrigados a usar avental.

Ainda conferem *status*, em grupo de trabalho, ser filho do chefe, a educação recebida, a idade, a antiguidade, o sexo, os antecedentes raciais, personalidades, títulos.

COESÃO

Vimos que o grupo, em sua formação, estrutura-se e os membros interagem entre si, utilizando diversos recursos de comunicação.

À medida que o grupo cresce, as pessoas vão sentindo atração pelas atividades em conjunto. Passam a estar mais ligadas, unidas. Isso produz *coesão*.

Essa sensação de pertencer ao grupo, de fazer parte dele, reforça os laços de camaradagem, amizade, lealdade para com os membros do próprio grupo, bem como separa os indivíduos desse grupo dos outros.

- Não existe grupo como o nosso.
- Sai. Você não pertence a este grupo!
- Só quem é do nosso grupo é que pode ficar nesta sala.
- Só entra neste grupo quem conhece a senha.

Os membros de grupo passam a estabelecer diferenças que os distinguem de elementos de outros grupos, como nomes especiais, brasões, trajes, linguagem típica, códigos secretos, rituais.

Converte-se assim o grupo em um pequeno sistema social com sua estrutura própria.

A palavra *coesão* traduz *estar ligado a, agarrar-se com,* e esse processo unifica e fortalece o grupo.

OS GRUPOS E AS RELAÇÕES HUMANAS   201

Figura 14.2   *No grupo coeso, as pessoas gostam do que fazem.*

NORMAS

Os membros começam a pensar e agir do mesmo modo, para gozar dos resultados de participação em grupo. O processo de viver juntos reforça certos sentimentos e atitudes no comportamento de cada membro.

> – Nosso grupo é o mais habilitado da empresa. Todos da equipe levamos a firma para frente.

A interação entre eles reforça certas atitudes e distorce certos tipos de comportamentos.

Os membros do grupo acabam vivendo os sucessos do grupo e sofrendo intensamente suas falhas.

A coesão de um grupo poderá levar à pressão para que um indivíduo conforme-se com a estrutura estabelecida.

Os membros do grupo tendem a identificar-se com ele, pois isso os ajudará a satisfazer suas necessidades sociais.

– Sinto-me bem no grupo de trabalho. O que faço é valorizado por meus amigos.

– Sou bem considerado por meus colegas de trabalho.

O grupo pode punir aqueles elementos que não se conformaram com seus padrões, assumindo atitudes como, por exemplo, "gelar o indivíduo".

"Gelar o indivíduo" é uma forma de isolar, cortando a interação do elemento visado com o grupo, isto é, ninguém fala com ele, nem mesmo toma conhecimento de sua presença. Pode ainda ser castigado de outras formas, como:

a. ser cumprimentado friamente;
b. ser proibido de entrar em certas dependências;
c. se estiver em dificuldades, não receber ajuda de ninguém.

É comum ouvir-se dizer:

– Ora, não agüento mais essa pressão. O que vocês querem de mim?

Há ainda outras formas de pressionar o indivíduo a conformar-se aos padrões do grupo, como:

a. denunciar o *infrator* a seus superiores;
b. não passar-lhe as informações necessárias ao trabalho;
c. perturbar seu trabalho;
d. punir quem se relaciona com ele.

Figura 14.3 *Ora, não agüento mais esta pressão.*

É certo que os indivíduos diferem na forma de reação às imposições do grupo para o conformismo às normas estabelecidas.

Quanto mais unido é o grupo, maior é a probabilidade de que todos se conformem estritamente às pressões pela inferioridade. Este tipo de grupo dificilmente aceita elementos novos.

– Em nosso grupo não entra ninguém e não sai ninguém.

Um grupo com *status* elevado produz mais coesão e estabelece normas mais rígidas de orientação de trabalho, admissão e conformismo.

– Nosso quadro não perde uma só partida. É genial.

Quando um grupo é agredido ou ameaçado, ele une-se mais. Um grupo de empregados pode esquecer as divergências pessoais para combater um inimigo comum.

– Vamos unir-nos contra esse novo supervisor. É um cara que nos quer destruir.

O grupo se torna mais coeso, quando:

a. é ameaçado;
b. tem pequeno número de componentes;
c. os elementos têm interesses comuns, bem definidos, salários equivalentes bem como nível social equilibrado;
d. a comunicação entre os elementos se realiza com facilidade, sem bloqueios ou distorções;
e. está isolado de outros grupos;
f. o supervisor utiliza recursos de dinâmica de grupo em sua atuação;
g. obtém sucesso no trabalho; assim, grupos coesos são mais bem-sucedidos e grupos mais bem-sucedidos são mais coesos.

Assim, a coesão de um grupo depende de:

a. seu *status*;
b. dimensões;
c. homogeneidade;
d. comunicação;
e. isolamento;
f. práticas de supervisão;
g. ameaças de agressão (pressão externa); e
h. sucesso.

MOTIVOS E METAS COMUNS

Interagindo, o grupo estrutura-se, e adquire coesão, estabelecendo as normas de procedimento.

Participar das motivações que o grupo oferece e ter metas comuns são qualidades essenciais da existência continuada de um grupo.

As motivações podem ser entendidas como certos impulsos para certos tipos de comportamento que satisfaçam às necessidades pessoais, seus desejos e aspirações.

> – Puxa, tenho reunião hoje com meu grupo. Tenho de expor um assunto que o grupo pediu que eu estudasse.
> – O grupo me dá todo o apoio de que preciso e não recebo esse mesmo apoio em minha casa.

As pessoas filiam-se ao grupo em virtude de ele satisfazer às necessidades de cada uma que não são diferentes das demais.

> – Sabe, eu pertenço ao Rotary.
> – Sou corintiano de coração.
> – Na minha escola, faço parte do grupo da banda.
> – Pertenço ao grupo das "domadoras", porque sinto necessidade de ajudar os desamparados.

O grupo dá-nos sentimento de segurança, de aprovação, de poder e camaradagem.

> – No grupo não se faz nada sem a minha aprovação.

Ainda que o grupo dê segurança a alguns elementos, outros sentem necessidade de dirigir, influir nas decisões e valem-se das atividades grupais para o desempenho dessas necessidades comportamentais.

As metas do grupo orientam suas atividades para certa direção.

> – Nosso objetivo é o estudo da Matemática, e a razão de nos reunirmos todo dia, à noite, é o vestibular.

Essa meta dá satisfação a cada um dos elementos do grupo e orienta suas atividades, motivando-os para o trabalho.

Lembramos que *meta* significa a medida dos objetivos, e *motivação* o que move, o que impulsiona para um objetivo.

Verificamos, então, que, por meio da interação, o grupo estrutura-se, adquire coesão, estabelecendo metas e motivações comuns.

As normas de conduta estabelecem-se e os grupos adquirem o dom de influir nas atitudes individuais e padronizar o comportamento dos membros, para certo grau de uniformidade.

Os valores aprovados pela maioria exercem pressão sobre os membros do grupo.

Personalidade de Grupo ou Sintalidade

Pela personalidade, o indivíduo é reconhecido pelos outros, no desempenho de seu comportamento. Torna-se distinto, diferenciável.

- Ele é orgulhoso, confiante, tímido, inteligente, às vezes agressivo, outras rebelde.

Um grupo também é diferente dos outros. Como o indivíduo, o grupo poderá caracterizar-se de acordo com sua atuação, o que o faz ter configurações especiais.

A personalidade do grupo representa o que o grupo é *como um todo* e como atua *como um todo*.

Dois grupos podem ter a mesma estrutura, mas são diferentes na forma de interação, no número de subgrupos, nas normas de atuação e no processo de desenvolvimento.

A personalidade do grupo é denominada de *sintalidade*.

A palavra *sintalidade* significa característica do arranjo ou disposição em conjunto.

As normas de grupo e sua sintalidade refletem os valores aprendidos pelos indivíduos que compõem o grupo. Por isso, cada grupo tem suas preferências e aversões que o caracterizam.

A sintalidade também manifesta-se pelo ambiente de grupo. Há ambientes de receio, de inveja, de ódio, de aprovação, de competição, de baixo (ou alto) nível de coesão.

Formando Grupos

As pessoas comportam-se como membros de grupo, na família, na escola, no lar, na igreja, no trabalho, e sua participação ajuda a modelar seu comportamento no grupo em que atuam.

Os grupos exercem, por sua vez, um controle muito forte sobre o indivíduo.

- Lembre-se, você deve honrar nossa família.
- Se você pretende a medalha de bons serviços, deve prestigiar nossa empresa.
- Nosso quadro de futebol precisa vencer.

Há diversas razões pelas quais os indivíduos passam a pertencer a vários grupos. Um deles é:

COMPANHEIRISMO

Vamos dizer que uma das necessidades básicas do homem é a *necessidade social* que adquire nos primeiros anos de sua vida.

O homem sente necessidade de estabelecer relações interpessoais.

Em pesquisa feita sobre baixa produção em trabalho, insatisfação e mudança de emprego, faltas e atrasos, verificou-se que isso acontecia quando:

- os empregados trabalhavam isolados dos outros;
- trabalhavam em compartimentos pequenos e a sós;
- trabalhavam com pessoas de alto *status* com as quais não podiam comunicar-se.

Quando se permitiu aos elementos desses grupos que descansassem com pessoas de seu relacionamento, os problemas diminuíam.

Todos sentimos necessidade de um companheiro no lar, na escola, no trabalho. É aquela pessoa com a qual temos intimidade e podemos estabelecer fácil relacionamento.

A palavra companheiro significa, originalmente, a pessoa que come o mesmo pão que comemos, dando assim idéia de intimidade.

| Companheiro | Mesmo pão | Intimidade | Satisfação |

Figura 14.4 *Companheiro é o que come do mesmo pão.*

IDENTIFICAÇÃO

Sempre desejamos "fazer parte de". Estamos satisfeitos se fizermos parte de...

a. nossa família;
b. nossa escola;
c. nosso grupo de trabalho;
d. nosso grupo de diversão etc.

"Fazer parte de", com envolvimento, é uma das necessidades básicas de qualquer ser humano.

Sente-se a experiência compartilhada com os companheiros, que preenche a necessidade básica social de participar.

Quanto menor o grupo, mais unido é, e mais elevado é o moral. É difícil identificar-se com uma grande companhia ou uma grande escola.

Alguns especialistas em desenvolvimento humano estão solicitando que se organizem pequenos grupos de trabalho, sempre que possível atuando numa mesma sala.

Identificar é um termo que significa ser semelhante, parecer-se.

COMPREENSÃO

Em nosso trabalho, na escola, no lar, nossas relações causam tensionamento, frustrações, agressividade.

Quando temos a compreensão dos companheiros ou oferecemos-lhes nosso apoio, isso leva a consolidar mais o grupo a que pertencemos.

Compreender é possuir juntamente com os outros a estima e o apoio de que necessitamos.

ORIENTAÇÃO

Quando estamos trabalhando, ou estamos no lar ou na escola, temos problemas para resolver, cuja solução se nos apresenta difícil.

- Que fazer?
- Como fazer?
- Será que devo discutir esse problema com o chefe?
- O professor irá aceitar a minha colocação?
- O que é correto fazer nesta situação?

O grupo coeso, identificado, compreensivo, preenche essas funções como um guia para o comportamento mais adequado na solução de um problema.

- Minha família é legal, ajudou-me a solucionar o problema.

A palavra orientação, de oriente, rumo, norte (de *or* – nascer), significa que dá origem, que esclarece, que encaminha como o Sol.

APOIO

O grupo oferece apoio ao indivíduo em suas atividades, dando-lhe a oportunidade de desenvolver a iniciativa e a criatividade.

Muitos trabalhos que se apresentam como desinteressantes, rotineiros e desmotivantes levam o indivíduo a realizá-los pelo estímulo que recebe do grupo. Este poderá fornecer o ambiente de que necessita o indivíduo para trabalhar com eficiência e satisfação.

Figura 14.5 *O apoio fortalece*.

- Que trabalho chato, mas o que vale é que a turma que trabalha comigo é legal.
- Ainda bem que nos intervalos de trabalho está aqui a turminha nossa para um bate-papo.
- Puxa, os amigos me ajudaram a resolver satisfatoriamente o problema.

Quando se fala em apoio, diz-se originalmente que ele se refere a *pod*, que quer dizer *muro*. Assim, muro de lamentações, onde se busca apoio, proteção. Muro (ou parede) que dá sombra, proteção, abrigo.

PROTEÇÃO

Se as pressões externas são muito fortes, o grupo protege o indivíduo. Aí ele vai encontrar uma espécie de cobertura, abrigo.

Quando se tenciona realizar uma mudança no trabalho, nos hábitos de uma família, o grupo torna-se mais unido e resiste à mudança.

Quando um aluno de um grupo procura individualmente conquistar a simpatia do professor, o grupo protege os outros elementos do grupo, castigando o desgarrado.

Os membros de um grupo de trabalho também podem punir um elemento se ele começa a produzir mais que os outros em uma empresa.

Proteção é uma palavra que se origina de *teg*, e significa telha, teto, alguma coisa que cobre.

A gente viu que as pessoas gostam de pertencer ao grupo pelas seguintes razões:

    a. companheirismo;

    b. identificação;

    c. compreensão;

    d. orientação;

    e. apoio;

    f. proteção.

Precisamos do companheirismo dos elementos do grupo, identificarmo-nos com eles, para que nos compreendam e nos dêem orientação, apoio e proteção.

OS GRUPOS E AS RELAÇÕES HUMANAS 211

EXERCÍCIOS

1. Diz-se que, por meio do grupo, o indivíduo satisfaz a suas necessidades. Pode servir para dar alimento, abrigo e satisfação sexual. Pode protegê-lo de ameaças externas. Pode ser o caminho para a realização de objetivos sociais que exigem esforço cooperativo. Pode servir à necessidade de reunião e aos desejos de reconhecimento e prestígio.

   Analise seu grupo de escola ou de trabalho e verifique que necessidades ele preenche para você. Discuta com seu grupo de trabalho.

2. Sabemos que alguns membros do grupo têm maior influência do que outros nas decisões. Portanto, podemos predizer que iremos verificar que quase todos os grupos satisfazem mais adequadamente aos desejos atuais de seus membros dominantes do que os dos menos dominantes.

   Reúna-se com seu grupo. Discuta esse texto. Faça uma análise e verifique quais são os membros dominantes e como suas decisões têm sido acatadas, na maior parte das vezes.

3. Acredita-se que uma das afirmações mais válidas em termos de grupo e das funções de seus elementos é a seguinte: "Todos os grupos servem para satisfazer à necessidade de poder de alguns de seus membros e à necessidade de participação da maioria."

   Analise com sua equipe essa afirmação. Peça a cada elemento que escreva em uma folha de papel:

Elementos do grupo	Necessidade de poder	Necessidade de participação
1		
2		
3		
4		

   Relacione todos os elementos e faça a análise de cada um; depois, levante a opinião de toda a classe, a fim de sentir o que pensa cada um da satisfação de necessidades do grupo.

4. Diz-se que, embora todo grupo satisfaça a múltiplas necessidades do indivíduo, nenhum grupo pode satisfazer a todas as suas necessidades e objetivos. Isso significa que, obrigatoriamente, o indivíduo é membro de muitos e diferentes grupos. Sua lealdade a esses vários grupos e a seus membros pode ser, às vezes, dividida e conflitiva.

RELAÇÕES HUMANAS

Faça uma relação dos grupos aos quais você pertence e analise as necessidades que satisfazem. Discuta o exercício com seu grupo.

5. As relações entre o moral do trabalhador e sua produtividade acentuam a importância, para a aceitação dos objetivos do grupo, da *significação percebida* desses objetivos para as necessidades individuais.

    Levante com seus companheiros de grupo os objetivos da equipe. Verifique se todos foram percebidos por todos e se, realmente, você e seus companheiros estavam cientes desses objetivos e se eles atendiam a suas necessidades.

6. Quando um grupo consegue êxito em suas tarefas, o indivíduo sente-se melhor nele. Por outro lado, chama-se a atenção do indivíduo negligente no grupo.

    Passe a analisar os grupos a que você pertence. Eles têm obtido êxito?

    Há elementos negligentes? Como têm sido tratados pelo grupo?

7. As normas, em um grupo, especificam as ações que, em circunstâncias especiais, são adequadas ou inadequadas. As normas de um grupo também especificam as recompensas para sua aceitação e os castigos para sua não-aceitação.

    Levante, com seu grupo, as normas, as recompensas e os castigos ou punições.

8. Em muitos grupos e organizações são criados e usados símbolos que indicam as características dos grupos.

    Elabore, com seus companheiros de grupo, um brasão em que possam representar e identificar a sintalidade de seu grupo.

9. Diz-se que os grupos dividem-se em duas categorias: grupos psicológicos e organizações sociais. Um grupo psicológico é aquele em que as relações entre os membros são interdependentes, o comportamento de cada membro influi no comportamento de todos os outros, os membros aceitam uma ideologia, isto é, têm um conjunto de normas e valores que regulam sua conduta social. Esses grupos, em conjunto, formam a organização social.

    Dentro dessa aceitação, como você analisaria o grupo político, a família, o sindicato, o quadro de futebol, o grupo de amizade e os diretórios acadêmicos?

10. Quando analisam-se grupos, há dois sistemas de trabalho: a observação e a autodescrição. Neste caso, como o nome indica, os membros do grupo descrevem ou avaliam as várias características do grupo.

    Com os outros membros, faça uma descrição de seu grupo.

15 RELAÇÕES HUMANAS NO TRABALHO

COMPORTAMENTO HUMANO NAS EMPRESAS

Quais são as relações entre as pessoas que trabalham numa mesma sala, numa loja, numa empresa, numa fábrica, num hospital, numa escola?

Ninguém duvida de que os trabalhadores são pessoas humanas e que suas vidas continuam quando deixam o portão da fábrica, o elevador da firma, a porta do colégio e, depois, atiram-se a atividades mais espontâneas, mais desejadas e criativas.

Passamos cerca de um terço das horas do dia no trabalho. Isso leva a crer que devemos esperar que o trabalho satisfaça muitos tipos de necessidades – físicas, sociais, egoísticas – e que, além disso, essas necessidades possam ser satisfeitas de muitas maneiras diferentes – fora do trabalho, em torno do trabalho e por meio do trabalho.

Bem, nem sempre foi assim. Demos uma olhada para o ontem, num funil do tempo. Como as coisas aconteciam...

Há muitos anos, a maior parte das pessoas vivia na zona rural. A família constituía a unidade econômica básica. O pai trabalhava no campo e a mãe preparava os ingredientes necessários para fazer a alimentação. Bem, naquele tempo, não havia ainda os supermercados... a dona de casa cozinhava, lavava, fiava a lã. As relações no trabalho e na família eram as mesmas. Se o homem não era seu próprio patrão, as relações entre eles eram simples e fáceis, quase como de pai para filho. O trabalho era criativo e dava muita satisfação. O homem mais velho ensinava ao mais moço e as pessoas se conheciam, participavam em comum das festas, riam juntas, sofriam os dissabores...

MAS DEPOIS VIERAM OS SUPERMERCADOS.

E O HOMEM VEIO PARA A CIDADE.

E APARECERAM AS INDÚSTRIAS.

E A CIDADE CRESCEU.

E O HOMEM ABANDONOU O CAMPO.

E O TRABALHO COMEÇOU A SER SUBDIVIDIDO.

O trabalho começou a especializar-se. E, se isso trouxe vantagens, trouxe também desvantagens, como aborrecimento e perda do sentimento de importância pessoal, do orgulho de estar fazendo alguma coisa importante.

Que satisfação pode ter um trabalhador que passa o dia todo acionando botões de um elevador? Ou fazendo pontas de parafuso durante 10 anos?

Qual a satisfação que pode ter um operário, quando o filho pergunta:

– Pai, o que o senhor faz?

– Cabeça de prego...

O progresso industrial fez a empresa crescer e tornou o chefe cada vez mais distante. Antigamente, o aprendiz conversava com seu patrão. Hoje, um homem pode passar a vida inteira, numa firma, sem nunca ter conversado com o gerente e muito menos com o presidente. Há escolas em que os alunos não chegam a conhecer o diretor e não sabem o nome de todos os professores.

Esse tipo de abordagem impessoal que o progresso industrial trouxe está longe de provocar o entusiasmo do empregado, pois este prefere que tanto seus amigos como seus inimigos sejam pessoais. Mesmo um mau patrão conhecido é preferível a um chefe impessoal, nunca visto.

Bem, nos tempos que já foram, as mudanças no trabalho eram raras. O comportamento no trabalho regia-se pela tradição. O que o trabalhador tinha de fazer era seguir os padrões e os comportamentos das pessoas mais velhas.

A indústria moderna muda constantemente, para atender às solicitações do mercado consumidor.

É certo que as pessoas normais resistam à mudança, principalmente se ela for imposta. Daí que os problemas de motivar as pessoas ao trabalho tornaram-se cada vez mais complexos.

A Revolução Industrial tornou a vida mais fácil para nós, mas com sacrifício das recompensas, satisfações e relacionamento humano no trabalho. O homem sacrifica-se no trabalho para desfrutar o fim de semana.

O TRABALHO E A SATISFAÇÃO DAS NECESSIDADES

No trabalho, o indivíduo alcança várias formas de satisfação de necessidades. Satisfeitas as necessidades ou parte delas, o indivíduo começa a ter um relacionamento humano mais efetivo e menos conflitante.

Há necessidades físicas, necessidades sociais e necessidades ditas egoísticas.

As principais necessidades físicas ocorridas no trabalho são:

Dinheiro   Segurança

– Por que você trabalha?

– Ora, que pergunta. Para ganhar dinheiro...

A necessidade de ganhar a vida é a mais poderosa e singela razão que leva as pessoas a trabalhar, apesar de haver outros incentivos também valiosos.

A primeira solicitação que uma pessoa faz sobre o trabalho é se ele fornecerá bastante dinheiro para manter um padrão adequado de vida.

Um padrão adequado de vida depende muito das pessoas, mas as conquistas tecnológicas passam a exigir que o indivíduo ganhe cada vez mais dinheiro – para comprar casa, televisão em cores, automóvel e eletrodomésticos sofisticados.

Esse interesse por bens materiais é uma característica de nossa cultura.

O problema paralelo do salário é de importância vital no estabelecimento de relações humanas no trabalho. Segundo uma pesquisa realizada nos Estados Unidos, não há nenhum fator isolado em todo o campo das relações trabalhistas que cause mais baixa moral, que crie insatisfações individuais, que encoraje a falta ao trabalho, que aumente a mobilidade no trabalho, que quebre a produção, do que diferenças claramente injustas na tabela de salários pagos aos diferentes indivíduos no mesmo grupo de trabalho e na mesma empresa.

– Veja você... ganho $ 5 por hora. Sou mecânico. Bem, meu cargo é mais importante que o do meu primo que trabalha nesta firma.

– Que faz ele?

– É mecânico também, mas ganha mais do que eu, $ 5,5 por hora... e faz a mesma coisa que eu faço, acho que até menos.

– E por isso você chega tarde.

– Ah! é por isso. Chego tarde de propósito. Os outros que ganham mais do que eu que cheguem no horário. Alguém tem de me perguntar um dia por que estou descontente.

Segurança

Segurança no trabalho é uma necessidade humana fundamental e às vezes mais importante do que o pagamento ou o progresso.

– Quero ter a certeza de que meu futuro está assegurado, que não perco meu emprego, que posso educar meus filhos.

– Você não sairia dessa firma para ganhar mais?

– Só se for muito mais, mas acho que assim mesmo iria pensar. Aqui todos gostam de mim, o chefe é meu amigo; estou aqui há 10 anos; meus amigos trabalham aqui... aqui tenho certeza de que sou alguém.

Nos últimos anos, o progresso industrial e a automação têm trazido o desemprego, o que cria profundas ansiedades no trabalho.

A segurança nas perspectivas futuras de trabalho contribui para o melhoramento do relacionamento do empregado com a empresa e os outros companheiros de trabalho.

Necessidades Primárias Sociais

Todo homem é normalmente social, deseja o convívio, forma amizades, torna-se infeliz quando isolado muito tempo.

Quando um empregado sente-se infeliz na família, geralmente o trabalho provê grande parte da satisfação das necessidades sociais:

– Pelo menos meus amigos entendem-me, aqui no trabalho.

O trabalho cria amizades e as fortalece. Pertencer a um grupo, a uma panelinha dá satisfação e integra os empregados. Há uma sensação de integração, de identificação nos grupos informais das empresas.

– Ah! sou da Lyhton, nossa seção forma um grupo que se reúne todo o sábado para uma pelada. Sai cada uma...

Esses grupos consolidam o moral da firma e facilitam as relações humanas.

Os grupos de trabalho pequenos favorecem o intercâmbio de idéias, o relacionamento humano, o trabalhar junto, a alegria de poder ajudar o outro.

O operário que trabalha numa linha de montagem e só pode conversar com o companheiro que vem antes e o que vem depois, que não cria nada, é um autômato, enfastia-se com o serviço, torna-se ansioso e é mais propenso a faltar e a mudar de emprego. Sente falta do contato humano, do calor afetivo dos demais, de poder rir com os outros, de ajudá-los e ser ajudado.

– Não agüento mais. Chego às sete e até as cinco da tarde fico fazendo a mesma coisa. Não converso com ninguém, não sei as novidades, não posso falar sobre meu quadro de futebol, não conto piadas... não dá.

Normalmente, um empregado como pessoa humana gosta de

SER TRATADO COM JUSTIÇA

SER ELOGIADO

SABER QUAL SUA SITUAÇÃO

TER ATENÇÃO DO CHEFE

São expressões que diagnosticam relações humanas doentias:

– Não, ele tem de ouvir. Eu tenho razão. Fui injustiçado. Pelo menos tem de me ouvir.

– Há mais de dois anos que trabalho nesta firma. Não faltei um só dia, nunca cheguei tarde, minha produção é acima da média. NUNCA ninguém me deu uma palavra de apoio, nunca ninguém me disse: MUITO BEM, CONTINUE ASSIM.

– Não sei qual minha situação na firma. Hoje estou neste setor, amanhã me mandam para outro. Não sei se vou ser despedido ou promovido.

– Meu chefe passa por mim como se eu fosse uma máquina, não me diz nem BOM-DIA, coisa que se diz a qualquer ser humano.

Necessidades Primárias Egoísticas

– Este trabalho é uma droga. Não sou ninguém; sinto que não estou realizando nada para ninguém, sou um inútil. Sou tão pequeno nesta empresa que, se eu faltar uma semana, ninguém fica sabendo. Ninguém sabe meu nome, onde moro, se sou casado, se me alimento...

A pessoa humana gosta de estar fazendo alguma coisa que julga ser útil aos outros, que seu trabalho é importante.

Uma das piores formas de punição usadas pela escola era mandar copiar 100, 200 vezes uma frase como castigo. O aluno trabalhava alimentando a frustração, a agressão contida, o desejo de vingança.

Certos exércitos mandam seus soldados cavar buracos e enterrá-los de novo, para adestrá-los na disciplina.

Por outro lado, há atividades que envolvem as pessoas e elas se sentem necessárias, úteis.

218 RELAÇÕES HUMANAS

- Sou atendente de hospital. Trabalho o dia todo, não venço o serviço, mas ajudo tanta gente que precisa, tantos doentes, coitados.

- Você viu o trabalho que a gente fez; a professora elogiou e pediu uma cópia; ela vai precisar para dar aula em outro colégio. Bacana, não é?

- Meu trabalho é muito importante. Fiscalizo, à noite, a linha férrea, para a segurança dos trens. Do meu trabalho depende a segurança dos passageiros.

- Foi dura a empreitada, mas valeu a pena. Veja que beleza ficou o trabalho.

Uma das mais fortes necessidades do homem é sentir-se importante, é sentir que está realizando alguma coisa, que está fazendo algo de valor.

- Veja, filho, diz o pedreiro, esta igreja foi construída por mim. Aquele vitral, lá em cima, fui eu que coloquei. Ninguém era capaz de fazer e o engenheiro chamou-me.

Bem, como explicar que há empregados preguiçosos, desleixados, improdutivos? É preciso verificar se

TAL COMPORTAMENTO É SINAL DE
a. INSATISFAÇÃO PARA COM O TRABALHO;
b. INSATISFAÇÃO PARA COM A SUPERVISÃO;
c. INSATISFAÇÃO PARA COM OS COMPANHEIROS DE TRABALHO.

É certo que o ato mesmo de trabalhar satisfaz necessidades básicas humanas. Oitenta por cento dos empregados que foram questionados se trabalhariam após ganhar na loteria deram resposta afirmativa. O trabalho dá a sensação de pertencer à sociedade, leva a formar amigos, proporciona o sentimento de ter um propósito na vida.

É certo que as condições de vida, hoje, proporcionam mais ensejo de diversão, e o lazer vai-se constituindo uma diversão comercializada que apela muito à motivação humana. As viagens são favorecidas e estimuladas. Cada vez mais começa se a separar, de um lado, trabalho e, de outro, diversão, como duas coisas antagônicas e até conflitantes.

Isso tem prejudicado um bom relacionamento humano no trabalho.

EXERCÍCIOS

1. Há resistência nos trabalhadores às mudanças de métodos de trabalho, novas técnicas, aparelhamento novo. Isso cria *resistências*. As principais manifestações de resistência do trabalhador são:

a. *apatia*: o indivíduo perde o interresse pelo trabalho;

b. *absenteísmo*: sempre que pode o indivíduo falta ao serviço;

c. *impontualidade*: o trabalhador começa a chegar atrasado;

d. *desenvolvimento de ansiedade*: o trabalhador tensiona-se causando atrito e acidentes;

e. desânimo;

f. diminuição do ritmo de trabalho.

Quais as medidas que seu grupo adotaria para introduzir modificações no trabalho, sem causar resistência? Estude o assunto e elabore um planejamento.

2. Os grupos de trabalho estabelecem valores, crenças, maneiras de fazer as coisas e relações interpessoais. Para o grupo, a mudança desses valores cria insegurança.

    Como receberia o seu grupo a notícia de que alguns elementos seriam remanejados e os métodos de trabalho reformulados?

3. Quando se introduzem modificações no ritmo de trabalho de uma empresa, alteram as relações humanas. Para que o indivíduo aceite novas idéias e métodos é necessário que:

    a. compreenda os motivos da mudança;

    b. a mudança venha em benefício dele;

    c. ele tenha de adquirir novo comportamento compatível com a mudança e seja treinado para isso;

    Discuta a afirmação com seus companheiros de grupo.

4. Uma companhia norte-americana realizou uma experiência sobre o problema da fadiga e propôs algumas questões a um grupo de operários:

    a. Os operários realmente se cansam?

    b. É conveniente a introdução de intervalos para descanso?

    c. É conveniente tornar-se o dia de trabalho mais curto?

    d. Qual a atitude dos funcionários em relação ao trabalho e à empresa?

    e. Por que a produção decresce no período da tarde?

    Discuta com seus colegas esse questionário. Assinale a questão mais importante. Faça um levantamento entre seus colegas.

5. Uma empresa norte-americana solicitou a psicólogos que fizessem uma experiência sobre aumento de produção. A equipe de Comportamento Humano propôs mudanças físicas no trabalho (como iluminação, cor das

salas, ventilação etc.) e utilizou um grupo de moças para participar do experimento. A produção aumentou, nesse grupo, enquanto nos outros manteve-se estável.

Atribui-se o aumento de produção às mudanças físicas no local de trabalho. Alguém, no entanto, atribuiu o aumento de produção a uma conseqüência da formação de grupo especial, à maior atenção dada ao grupo, à solicitude com que as moças foram tratadas e à criação de um grupo social.

Discuta com seu grupo – o que realmente teria acontecido? – Mudança do ambiente ou formação de um grupo social privilegiado?

6. Já se provou que os cursos para melhorar as relações humanas entre os empregados não produz os efeitos desejados, se os participantes não forem antes informados a respeito dos objetivos da medida.

   Discuta essa afirmação. Até que ponto é válida?

7. O conceito tradicional de Administração difundia diversas crenças sobre o trabalho, como:

   a. O homem médio é indolente por natureza, ele trabalha o mínimo possível;

   b. No homem médio faltam ambições e gosto pela responsabilidade e liderança;

   c. É ele fundamentalmente egocêntrico e indiferente às necessidades da organização;

   d. Sua própria natureza leva-o a resistir às modificações.

   Escreva com seus companheiros um relatório que contradiga essas afirmações, enfocando o lado humano da empresa. Se tiver provas, melhor.

8. Analise e critique o conceito de Relações Humanas no trabalho, exposto a seguir:

   "Relações Humanas, na área de administração, têm por finalidade passar a conversa nos outros, adoçar a pílula, levar o empregado no bico e conseguir os objetivos da empresa."

9. Afirma-se que Relações Industriais constituem uma função dentro da empresa que tem por objetivo planejar, encaminhar e integrar os recursos humanos no trabalho.

   Discuta com seu grupo em que pontos se encontram Relações Humanas e Relações Industriais. Em que pontos diferem?

10. A história das Relações Humanas no trabalho divide-se em três grandes fases:

    a. O homem existindo apenas como um recurso produtivo, ao lado das matérias-primas e das máquinas, sem nenhuma consideração especial.

    b. O homem como uma peça extremamente importante para o processo de produção, motivado seu comportamento pela busca de satisfação de suas necessidades materiais.

    c. O homem como mais do que simples peça do processo produtivo, merecedor de considerações especiais, motivado seu comportamento não só pela necessidade de satisfazer seus desejos materiais, como também pela busca constante de satisfação de suas necessidades sociais e psicológicas.

    Discuta com seu grupo o processo de desenvolvimento de Relações Humanas no trabalho. Em que fase se encotra a maior parte das empresas brasileiras?

16 UM POSFÁCIO AO LEITOR

Num contexto de relações interpessoais, resolvemos incluir nesta edição um posfácio.

– O que seria um posfácio?

Caro leitor, você está habituado a prefácios, mas, em nosso livro de relações humanas, ou de comunicação, de autor para leitor, incluímos um diálogo *a posteriori*, depois de sua leitura, isto é, um relacionamento interpessoal pós-leitura.

Você identificou-se com os estados do Eu, aprendeu a colecionar figurinhas, a transas e transações da comunicação e percebeu que realiza ainda alguns jogos. Meditou nas relações humanas na família e no trabalho.

Perguntamos, no entanto, como você emprega seu tempo, já que os bancos explicam-nos como empregamos nosso dinheiro.

Achamos que, num posfácio, deveríamos acrescentar:

– Agora, **diplome-se para a vida**.

1º Como empregamos nosso tempo.

2º Palavras finais que intitulamos.

Nesta parte do livro você tem nossa palavra reflexiva final, numa síntese dos objetivos da psicologia das relações interpessoais, ou ainda das relações humanas, como é comumente conhecida.

Um livro de relações interpessoais não se completa se o autor não dialoga com o leitor. É o que pretendemos objetivar.

O EMPREGO DO NOSSO TEMPO

Vive o homem em duas perspectivas:

Tempo
e
Espaço

No tempo, o homem situa-se em três dimensões:

Passado   **Presente**   **Futuro**

No espaço, também o homem vive em três dimensões: horizontal, sagital e vertical.

Geralmente, o homem vive mais no passado de recordações e no futuro de aspirações. Apesar de estar atuando no presente, nossa mente está povoada de Passado e Futuro. Não vivemos o AQUI-AGORA.

A criança vive o PRESENTE.

O velho vive o PASSADO.

O adulto vive o PRESENTE PROGRAMADO.

O adolescente vive o FUTURO.

Apesar de a criança natural, espontânea, viver o tempo contínuo do presente, vai adquirindo a noção de tempo, com a idade, e acomodando-se aos padrões do adulto.

O tempo que vivemos e programamos para nós é:

Cronológico e Psicológico

O tempo cronológico é marcado pelos calendários, pelas datas. O tempo psicológico é subjetivo, interno, individual e não mensurável.

- No meu tempo de criança, as coisas eram diferentes, os homens se estimavam mais. Não me lembro bem, mas sei que, em nossa casa, havia mais visitas, diálogos, conversas ao pé do fogo. Foi em mil novecentos e tantos carinhos.

- Tempo bom aquele, recordo-me do perfume das flores, do canto dos passarinhos...

- Não sei quantos anos eu tinha. Lembro-me apenas, com saudade, daquele tempo bom, da minha casa, com varandas largas, dormitórios pintados de creme...

224 RELAÇÕES HUMANAS

Como ser social, o homem programa seu tempo, de acordo com seu temperamento, seus estados do Eu dominantes e seu *script*.

É possível conhecer um indivíduo, em função da maneira como ele emprega seu tempo, bem como seu modo favorito de passar o dia.

Valeria até um provérbio:

"Diga-me como emprega o seu tempo e eu lhe direi quem você é."

Empregamos nosso tempo de diversas formas, por...

RITUAIS

RETRAÇÃO

PASSATEMPOS

ATIVIDADES

JOGOS

INTIMIDADE

RITUAIS

O *Ritual* é um tempo socialmente programado em que todas as pessoas concordam em fazer a mesma coisa.

Os rituais passam de geração a geração e são transmitidos pelos PAIS à CRIANÇA. Ensejam, por outro lado, a oportunidade de o indivíduo participar da atividade comum, mas permanecer distante dos outros, apesar de estar em companhia deles.

Os rituais mais comuns são os de boas-vindas ou de despedida.

No lar, no trabalho, na vida social há uma série de rituais. Todas as profissões, por sua vez, têm seus rituais típicos, conhecidos pelos profissionais e que servem de senhas.

Os "bons modos", a "cortesia", as "boas maneiras" constituem o compêndio de rituais de "bem viver" na sociedade e há até escolas que mantêm cursos de rituais.

O ingresso numa sociedade, qualquer que ela seja, exige o conhecimento de seus rituais.

O mais importante, no entanto, como diz Berne, é saber *o que o indivíduo diz depois que diz – ALÔ.*

UM POSFÁCIO AO LEITOR 225

Figura 16.1 *Diga-me como você emprega seu tempo e eu lhe direi quem você é.*

Figura 16.2 *O Ritual é o emprego do tempo socialmente programado em que todos concordam em fazer a mesma coisa. É seguro, não há envolvimento e pode ser agradável, desde que você esteja "de passo certo ou fazendo o que deve ser feito".*

226 RELAÇÕES HUMANAS

Os pais ensinam a seus filhos os BONS MODOS, o que significa que saibam saudar corretamente, comer corretamente, cortejar em forma adequada e como portar-se numa cerimônia. Os rituais constituem o ponto de partida da diplomacia.

Um ritual tem seus passos, que podem ser medidos. Os rituais longos são preferidos pelos orientais. Os ocidentais preferem-nos rápidos. O paulista é dado a rituais rapidíssimos, o nortista, a rituais demorados.

Vejamos um ritual com seus passos:

– Olá.	– 1º passo
– Olá.	– 2º passo
– Como vai?	– 3º passo
– Bem, e você?	– 4º passo
– Assim, assim.	– 5º passo
– E a família?	– 6º passo
– Bem, e a sua?	– 7º passo
– Bem, e a saúde?	– 8º passo
– Vai bem, e você?	– 9º passo
– Bem, e os negócios?	– 10º passo
– Bem... bem.	– 11º passo
– Bem, a conversa está boa, mas vou indo.	– 12º passo
– Tá. Até logo.	– 13º passo
– Até logo.	– 14º passo
– Recomendações aos seus.	– 15º passo

RETRAÇÃO

Na *Retração* (ou isolamento) o indivíduo decidiu que não deve (ou não precisa ou não quer) transacionar muito com os outros.

A pessoa acostumou-se, por diversas razões, a assumir esse comportamento. Os pais falam muito, exigem demais, transacionam em excesso, de forma tal que o menino acredita que a melhor solução é refugiar-se em si mesmo.

Às vezes, acostumou-se a criança a não ter ninguém por perto ou a não lhe darem atenção. Vai daí, acostumou-se a achar agradável viver só.

– Deixem-me em paz.

– Desejo ficar só.

– Gosto de ficar em recolhimento.

– Por favor, não me amolem.

– A única coisa que desejo é que me deixem.

– Antes só que mal acompanhado.

Isso não significa que, não raro, a solidão nos faça bem e, por momentos, nos entreguemos a ela.

Falamos, essencialmente, de retração, quando o indivíduo passa a maior parte do tempo só. Dificilmente, qualquer estímulo poderá tirá-lo do mutismo.

Não raro, de acordo com os estados do Eu, isolamo-nos assim:

CRIANÇA – para fantasiar

ADULTO – para analisar, interpretar

PAIS – para criticar (crítica internalizada)

PASSATEMPOS

Passatempos, ou melhor, *passa-o-tempo*, são meios agradáveis, sem compromisso, que duas ou mais pessoas utilizam para passar o tempo, conversando.

Os passatempos acontecem em festas, reuniões sociais, clubes, conduções coletivas, filas. Os passatempos variam com a idade, o sexo, a profissão, o clube, o bairro, a cidade.

Os passatempos masculinos favoritos são:

a. futebol;

b. política;

c. mulheres;

d. automóveis;

e. trabalho;

f. restaurantes etc.

Os passatempos femininos favoritos são:

a. telenovela;

b. os filhos;

c. as empregadas;

d. os maridos;

e. os namorados;

f. a alimentação;

g. a moda etc.

Ainda, dentro dos interesses femininos, há variantes de acordo com a idade.

A menina conversa sobre brinquedos, escola, os meninos, os pais, a casa, os animais domésticos, a televisão.

A adolescente conversa sobre os rapazes, a moda, o cinema, a escola, os professores, as outras colegas.

A recém-casada (se tem filhos) conversa sobre o marido, a alimentação, o bebê, as doenças infantis, educação de criança.

Um dos passatempos favoritos, principalmente na praia, é o jogo de cartas (buraco – truco etc.)

O passatempo constitui um processo de seleção social. Assim, "General Motors", "Volkswagen" ou "Mercedes" são passatempos favoritos dos homens, se bem que 20 cilindradas é seletivo da classe mais jovem.

O passatempo trabalha essencialmente com o estado do *Eu – Criança*, já que é intuitivo, de comportamento vaidoso, emocional, em alguns casos.

Não raro, os passatempos contribuem para a formação de parelhas amorosas. Os namorados encontram-se na semelhança dos passatempos.

Um dos passatempos favoritos, mais acentuadamente masculino que feminino, é "contar piadas".

– Você conhece aquela do papagaio?

– Você sabe aquela do elevador?

No passatempo "contar piadas", todos os integrantes devem rir e devem, pelo menos, contar uma para integrar o grupo.

O rol também determina os passatempos. Um mesmo indivíduo assumirá diversos róis e, dentro deles, diversos passatempos.

Assim:

a. no rol familiar: saúde, filhos, economia doméstica;

b. no trabalho: salário, empregados, situação econômica;

c. no clube: mulheres, jogo, política, piadas;

d. no café: tempo, futebol.

José não é muito dado a cerimoniais ou a passatempos. Ele escreveu seu argumento com as mãos do trabalho.

– Esses jogos de reuniões sociais não me interessam. São um palavreado oco, uma espécie de galeria para exibição de passatempos.

Notem como as pessoas separam-se e distribuem carícias.

Aproximemo-nos:

UM POSFÁCIO AO LEITOR **229**

– Bem, meu carro faz 10 km com um litro...

– O meu Fusca é envenenado...

– Sabem, fiz 200 km em uma hora...

– Pedi para colocarem outro carburador, pois assim rende mais.

– Cada três mil, troco o óleo do cárter, não quero saber de especificações...

Esses indivíduos formam o grupo chamado "General Motors", cujo passatempo desenvolve-se de forma tal que cada jogador está avaliando, por meio de sua CRIANÇA, as potencialidades dos outros jogadores.

Mais adiante, matronas ferozes, críticas, num androcídio verbal adestram-se no jogo "Marido Delinqüente" que praticam todas as tardes, ao chá com rosquinhas.

– É um energúmeno, sai sem me beijar...

– Eu acho que o bandido anda de dengos com a secretária.

– Não há jeito de ele aprender a limpar os pés antes de entrar. Vou trancar a porta e só abrir depois de limpos os borzeguins.

– Chega à noite é o bendito jornal, não há meio de livrá-lo disso. Vou esconder, isso mesmo.

– Não sei o que tanto o atrai nesse raio de futebol...

Aqui estão alguns superegóicos, resfolegando sabedoria e revivendo nos filhos as conquistas que não conseguiram alcançar. Formam a "Associação de Pais de Família".

– Meu filho conseguiu o primeiro lugar na classe dele.

– O psicólogo disse que o QI é muito alto.

– Em Matemática, José não vai bem, mas redige maravilhosamente; puxa seu tio, que é escritor.

– Aquele professor não presta, vou falar com o Diretor. Encarnou em meu filho, só porque ele não concorda com o método de ensino desse quadrado.

Mais adiante está o "Clube Pacaembu", nas disputas homéricas de quadros de futebol, revivendo gols, refazendo jogadas, arrasando juízes e escalando seleções:

– Este ano não escapa, o Corinthians vai ser o campeão.

– Sim, só se tiver o Pelé.

– Esse gol até eu marcava, era só dar um drible de corpo no goleiro, dar uma chaleira e pronto.

230 RELAÇÕES HUMANAS

– Bem, esse juiz, além de mascarado, é um ladrão. Devia ser amarrado na trave do goleiro e ficar ali o jogo todo, acho que assim caminhava melhor.

– Com essa seleção não poderia mesmo ganhar. Onde se viu no 4-2-4 enfrentar seleções velozes. Se fosse eu...

Não é preciso ir muito longe, nesta reunião social, para ouvir diálogos cifrônicos e competitivos do "Clube dos Quantos":

– Comprei esta casaco por $ 20.000,00. Uma pechincha.

– Olha, não gosto de liquidação. Imagine que minha empregada comprou uma cacharrel por $ 20. E anda exibindo por aí. Vão dizer que é da patroa.

– Eu só compro em butiques, é mais caro mas é melhor. Lá na Augusta existe uma excelente de uma húngara...

– Sabe, eu tenho uma prima de tamanho mau gosto que só compra vermelho. Horrível. Parece camarão com massa de tomate.

– Eu, este mês, gastei mais de $ 50 mil, gente, mas não quero ter preocupações, mandei vir de Paris.

Bem, ali está um grupo muito curioso, com copos na mão e muito alegre, em risos baquianos, discutindo a valer. *Close-up*:

– Esta aqui, com pêssegos, está uma delícia.

– Olha, eu tomei uma em São Paulo com emburana... não existe.

– O melhor mesmo é uísque. Prefiro puro.

– Pra mim nada supera uma cerveja geladinha com colarinho, colarinho branco, hein...

– Bom mesmo é aquela com caju que a gente toma na praia depois de um banho de mar.

Lá está um grupo de rapazes adolescentes cujos fios tímidos de barba ainda começam a emparelhar-se com as espinhas teimosas, numa disputa de sobrevivência pubertária em que o fio acaba vencendo:

– Eu peguei, dei um soco nas fuças dele. Foi só ramela.

– Ó, a minha caranga pintou na curva e espalhou apito... precisa ver o bolacho dos coroas.

– Eu cheguei e disse: Tô nessa nega, vê se me agüenta...

No mais sofisticado recanto da sala, confortavelmente acomodados em aristocráticos almofadões, bebericando um uísque de procedência escocesa, do século passado, está o *"Do you Know Club"* ou melhor, o clube do "Você Conhece?":

- Sim, estivemos almoçando em casa da Condessa Lautrec. Conhecem? Ela vivia no iate do Onassis.
- Era o nat da Suzaninha, atual Sousa Brito. Conhecem? Que *grâce* de festa.
- Que música... *of course*... é Regis Sunset. Conhecem? Eu estive em seu *show* na Broadway.
- Meus perfumes vêm todos de Paris... Não tolero perfume nacional. Uso só *Tournesol* de Loty. Conhecem?

Ei-los acolá, degustando bem os quitutes, sentindo o paladar do açúcar e do sal, perdulários do hidrato de carbono, com uma conta corrente elevada de colesterol. Formam o "Clube das Receitas":

- Bem, creio que deve ir mais chocolate, senão não fica bom.
- O bacalhau deve ser desfiado primeiro...
- Sem orégano não dá paladar...
- Posso lhe dar uma receita, é muito boa...
- Precisa deixar em banho-maria pelo menos duas horas.
- De manhã, um suco de laranja, leite com café, torradas, um bife mal passado... nada de açúcar.

Lacrimosas, entre um suspiro e outro, gemidos e soluços, está o "Fã-Clube da Telenovela":

- Coitada, como tem sofrido nas mãos daquele verdugo.
- Ela tinha três personalidades, uma escondia a outra.
- Como pode abandonar assim esposa e filho, uma esposa tão dedicada e bonita? Mas dizem que no último capítulo ele volta. Tomara.
- É a imagem da outra que deixa ele tão perturbado. Também pudera. Tão bonita.
- A filha não vive com a mãe. São separados.
- Ele tem três noivas, mas no fim não casa com nenhuma.
- Eu gosto do Francisco Cuoco, como trabalha bem...

Mais descontraídos, anzolando os petiscos e doutrinando "sabedoria", estão os integrantes do "Clube do Pescador".

Passatempo comum, em cidades do interior ou nas praias, nos fins de semana ou em períodos de férias, são as conversas de "pescador". E nos clubes,

232 RELAÇÕES HUMANAS

nos salões de barbeiro, nos bares, nos restaurantes, nos bancos de jardim, o bate-papo fica no estado CRIANÇA-CRIANÇA, apelando para a criatividade.

– Era tão grande, mas tão grande que não cabia no barco.

– Quando eu pesquei, ouvi um gemido vindo do peixe, um gemido de criança que joguei o peixe de volta.

– Tinha tanto peixe lá no Araguaia que eles pulavam dentro do barco.

– Era tão grande que deu para alimentar o povoado do Amazonas inteiro durante uma semana... e ainda sobrou.

– Incrível, nunca vi. Tinha tanto pernilongo lá embaixo da serra, no Tietê, e o barulho era tanto dos bichinhos que não se podia conversar. Ninguém ouvia nada, era só o zum-zum de pernilongo.

– Pescamos um peixe de cada cor, até parecia arco-íris. Precisa ver que beleza.

E assim, vamos matando o tempo, passando o assunto de um para outro, dando carícias, superficiais e sem compromisso, entre um salgadinho e outro, um uísque e uma coca-cola... e tudo bem, PAI-PAI, ADULTO-ADULTO, CRIANÇA-CRIANÇA.

Às vezes, esses passatempos levam à brincadeira CRIANÇA-CRIANÇA, no bate-papo "do um ou do outro". Sofisticados, têm a graça artificial com pontas de criatividade, aparecendo em forma de jogo de salão.

– Você prefere comer um quilo de espinafre ou beber um vidro de óleo de rícino?

Tem de escolher. É obrigado a escolher.

– Você prefere usar sapato ao contrário o dia inteiro ou dormir no porta-malas do carro?

– Você prefere comer churrasco com formiga ou beber café com sal?

– Você prefere andar no centro da cidade de maiô ou assistir à mesma aula, das 7 da manhã às 11 da noite?

– Você prefere andar de quatro dez quarteirões ou andar de tamancos amarrados?

– Você prefere tomar banho na máquina de lavar roupas ou esquentar-se no forno do fogão?

– Você prefere ouvir um disco quebrado ou choro de criança na hora que está vendo novela?

– Você prefere ouvir sermão de mãe ou bronca de pai?

– Você prefere tomar guaraná sem gás ou café sem açúcar?

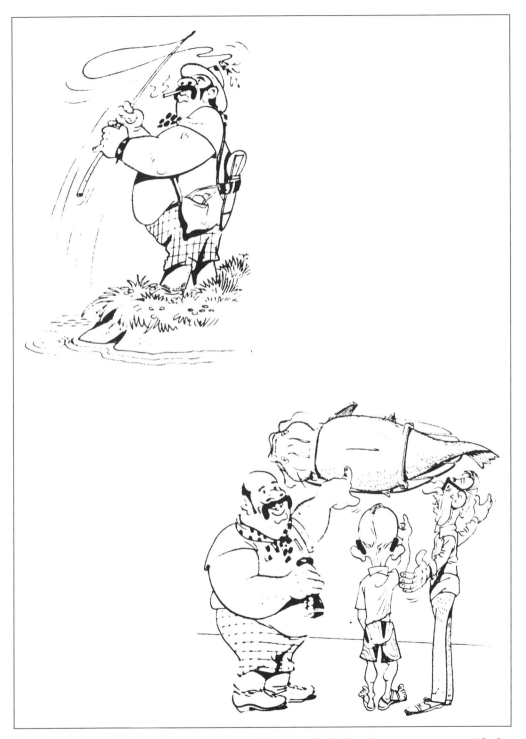

Figura 16.3 *O Passatempo "Conversa de Pescador" é muito comum, em cidades do Interior, entre "honrados cavalheiros que não mentem..."*

ATIVIDADES

As atividades são uma série de transações complementares do ADULTO. Assim:

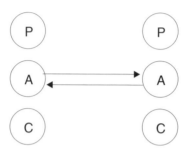

As atividades são dirigidas para contato com a realidade. São atividades:

a. forma de plantar café;
b. como realizar operações bancárias;
c. psicoterapia;
d. psicologia das multidões;
e. construção de uma ponte etc.
– ...

É certo que quando estamos estruturando o tempo – *fazendo alguma coisa* – estamos realizando atividades.

Há certas pessoas que não gostam de rituais ou passatempos, então, em reuniões sociais, passam a dedicar-se a atividades. Assim, gostam de ajudar a dona-de-casa a servir, entretêm as crianças.

Verifica-se que, nas atividades do dia-a-dia, a mais comum é o *trabalho*.

O envolvimento no trabalho, sem dúvida, elimina a ansiedade e pode-nos afastar da necessidade de transações com outras pessoas.

Por isso, há indivíduos que se conhecem apenas no trabalho, sem envolvimento emocional algum.

Figura 16.4 *Intimidade*.

Prazeres da intimidade

Intimidade é um encontro humano, profundo, com ausência de jogos ou rituais. Ocorre nos momentos em que as relações humanas são de espontaneidade, empatia, afeição.

Na vida moderna, poucos são os momentos reais de intimidade.

EXERCÍCIOS

1. Você está numa reunião em um grupo, em sua empresa, na reunião de pais e mestres, numa reunião de amigos. Procure verificar como as pessoas empregam o tempo.

Nome das pessoas do Grupo	\multicolumn{5}{c}{Emprego do tempo}
	A	B	C	D	E
1.					
2.					
3.					
4.					
5.					
6.					
7.					
8.					
9.					

Legendas:

A – Rituais

B – Retração

C – Passatempo

D – Jogos

E – Intimidade

2. Acredita-se que o ritual é a morte da relação de amor, do comportamento afetivo-emocional e traduz a morte do casamento.

    Combine com a pessoa amada a elaboração de um gráfico de rituais no tatear do dia-a-dia.

    Questione:

    a. Qual a quantidade de rituais que você tem usado no relacionamento interpessoal?

    b. No caso de prevalência de rituais, o que fazer para desanuviar o ambiente e ter um relacionamento mais íntimo e espontâneo?

3. Faça uma auto-análise e anote o número de rituais que você utiliza. Quais as pessoas com as quais você mais trabalha os rituais? Por que isso acontece?

4. Temos momentos de retração; alguns necessários e outros são comportamentos de fuga. Normalmente, somos mais retraídos com algumas pessoas.

    Reúna-se com seu grupo de trabalho e discuta o problema de retração.

    a. Com quem sou mais retraído neste grupo?

    b. Qual o sentimento que a retração com certo companheiro de atividade me provoca?

    d. O que fazer para romper a barreira da retração em relação a certas pessoas?

5. Elabore um cronograma de "como você emprega seu tempo" nos dias de semana e domingos e feriados.

Emprego do tempo	Dias da semana						
	segunda	terça	quarta	quinta	sexta	sábado	domingo e feriado
Ritual							
Retração							
Passatempo							
Atividade							
Jogos							
Intimidade							

6. Utilizamos diversos rituais em nossa comunicação. Escolha o ritual que você mais utiliza e assinale os passos dele.

7. Anote os passos que determinados professores utilizam em seus rituais. Quais são os mais ritualistas e quantos passos têm seu ritual mais demorado.

8. Numa reunião social, procure observar como se comportam os grupos em função dos rituais.

9. Relacione as atividades com que você trabalha nos dias de semana e domingos e feriados.

   Pergunta-se: as atividades que você realiza aos domingos e feriados são mais satisfatórias que as realizadas nos dias de semana?

10. Como você emprega seu tempo no período de férias?

17 AGORA, DIPLOME-SE PARA A VIDA

Ao terminar a leitura deste livro, você começa a verificar que sua personalidade identifica-se, harmonicamente, com pessoas, estados do Eu, comportamentos, **scripts**, posições existenciais que disputaram seu interesse nos textos e ilustrações.

Os PAIS, inconsciente ou deliberadamente, procuram educar as crianças, desde seus primeiros anos de vida, numa tarefa que se repete a cada casal e se perpetua num ritual de amor.

Os PAIS mostraram como você deveria comportar-se, relacionar-se com os outros. Ensinaram-lhe maneiras de pensar, demonstraram-lhe como sentir, levaram-no a perceber o mundo que o rodeava, num gatinhar indeciso, impreciso, inocente e ingênuo de suas primeiras tentativas de conquistar o mundo.

Essas influências paternas foram muito marcantes e acompanharam-no ou, quem sabe, acompanham ainda, no tatear de seu mundo desconhecido.

É verdade que necessitamos desses roteiros de vida, nos primeiros momentos de nossa existência. Eles indicam o norte de nosso caminho, na vida enigmática de nosso Destino.

Essas normas dos PAIS são necessárias à sobrevivência social, emocional e biológica da criança e, ainda, do adolescente.

Chega o momento, no entanto, em que eu, você, ele, nós todos temos que nos livrar do argumento de vida que nos foi colocado, acorrentado a nossos pés. Temos que reformulá-lo, adoçá-lo, ou criticar um supra-argumento que clareie as sombras das quebradas de nosso caminho.

Tomamos *consciência* de quem somos, buscando nossa autonomia, a fim de que sejamos nós mais nós mesmos, num ADULTO, alegrado pela CRIANÇA e tornando responsável pelos PAIS.

Buscando a *espontaneidade* de ações, como uma CRIANÇA Natural, naquele conceito de que ser espontâneo é colocar à mostra, sem receios, aquilo que somos. Isso nos leva a encontrar a *intimidade* com outras pessoas, no sentido de que *íntimo* é aquele que não teme (*tim*=temor) o relacionamento porque sente prazer no tutear, no dar para receber.

Nesse momento, seu ADULTO começa a refletir sobre que partes das injunções, atribuições, mandatos, modelos de educação recebidos de seus PAIS, você aceitará.

Você irá refletir nas atitudes, conselhos, carícias, injunções que foram favoráveis em seu desenvolvimento.

Essa educação o levou a adaptar-se bem ou mal ao mundo em que você vive hoje, que não é mais o mundo de seus pais.

Nesse instante, seu ADULTO começa a tomar decisões e você deixa de transacionar muitos jogos de poder, de defesa ou de agressão.

Vai sentir que suas decisões, no entanto, não são definitivas. Elas são situacionais e seu Pequeno Professor lhe dará a natural intuição para decidir com mais acerto diante de situações problemáticas.

À medida que você vai adquirindo autonomia e tomando decisões, poderá verificar que essa *guerra de decisões* é alimentada por muitas batalhas, das quais em uma você é *Vencedor*, noutra *Perdedor*, em algumas poucas, *Vítima*.

Você começa a perceber que adquire *autonomia, espontaneidade* e *crescimento da intimidade*, livrando-se, assim, da perseguição dos jogos.

Consciência, espontaneidade e *intimidade* são inerentes ao ser humano e, ainda que esmagadas pelo Pai Crítico, voltarão a ressurgir cada vez mais alimentadoras, cada vez mais alentadoras, cada vez mais humanas.

Se você leu o livro, assimilou as lições nas linhas e entrelinhas, nos desenhos e nos espaços em branco, nas lições ditas e não ditas, você está diplomado para a vida.

Nós lhe damos o certificado de *autonomia, espontaneidade* e *intimidade* para a vida.

Seja feliz! Eis seu diploma:

DIPLOMA

DIPLOMA DE CONSCIENTIZAÇÃO, ESPONTANEIDADE E INTIMIDADE

O(a) Sr.(a) _____,

após a leitura deste livro, conscientizou-se de seu comportamento, tornou-se mais espontâneo(a) para com os outros e intimizou seus problemas, conseguindo conviver, mais naturalmente, com eles. Por essas razões, conferimos-lhe este DIPLOMA.

São Paulo, _____ de _____ de _____.

_____
Prof. Dr. Agostinho Minicucci
O Autor